Thomas Pfister & Fides Auf der Maur

Aromatische Bergkräuter

für die Naturküche sammeln und zubereiten

Thomas Pfister & Fides Auf der Maur

Aromatische Bergkräuter

für die Naturküche sammeln und zubereiten

Unter Mitarbeit von René Briand, Cornélia Fink, Ariette Kammacher-Metry, Reinhard Saller, Barbara Schlumpf und Pia Werthmüller

Mit Fotografien von Fides Auf der Maur

Haupt Verlag

Wir gehen davon aus, dass alle im Buch beschriebenen Angaben und Empfehlungen richtig sind, trotzdem können weder die Autoren noch der Verlag irgendwelche Haftung für Schäden übernehmen.

1. Auflage: 2017

Bibliografische Information der Deutschen Nationalbibliothek
Die Deutsche Nationalbibliothek verzeichnet diese Publikation in der Deutschen Nationalbibliografie; detaillierte bibliografische Daten sind im Internet über http://dnb.dnb.de abrufbar.

ISBN 978-3-258-07937-0

Printed in Germany

FSC
www.fsc.org
MIX
Papier aus verantwortungsvollen Quellen
FSC® C110508

Layout und Satz: tiff.any, D-Berlin
Umschlaggestaltung: pooldesign.ch

Der Haupt Verlag wird vom Bundesamt für Kultur mit einem Strukturbeitrag für die Jahre 2016–2020 unterstützt.

Inhalt

Vorwort

In der Ernährung spielen Pflanzen eine zentrale Rolle und bilden die eigentliche Grundlage für unser Überleben. Sie werden deshalb auch als «Lebensmittel» bezeichnet. Eine Kategorie der pflanzlichen Lebensmittel sind Gewürze und Kräuter. Dabei denkt man zuerst vielleicht an Kräuter wie Petersilie, Liebstöckel oder Majoran, dann eventuell auch an exotische Gewürze wie Pfeffer, Muskat oder Zimt. Dass es aber auch einheimische Wildkräuter gibt, die zum Würzen verschiedener Gerichte verwendet werden können, ist weniger bekannt. Am ehesten verwendet man vielleicht noch Kräuter wie beispielsweise Löwenzahn, Bärlauch oder Giersch im Frühling als Beigabe zu Salaten. Weniger gebräuchlich sind Kräuter, die in den Bergen wachsen und ebenfalls sehr aromatische Geschmacksnoten aufweisen. Nur wenige kennen den wild wachsenden Kümmel oder den Dost. Das vorliegende Buch ist ein Begleiter auf Wanderungen und gibt viele Anregungen zum Kochen mit Bergkräutern.

Da das Ökosystem gerade in den Bergen fragil ist, sollte man beim Sammeln von Wildkräutern immer darauf achten, nur einige Exemplare von häufig vorkommenden Pflanzen zu ernten. Und besonders wichtig ist, nur das zu sammeln, was man zweifelsfrei bestimmen kann. Auf das Ausgraben von Bergkräutern mit den Wurzeln sollte verzichtet werden, vielmehr erntet man nur einige Blätter, Blüten oder Triebe.

Für das vorliegende Buch wurden Kräuter ausgewählt, die in blühendem Zustand nicht mit anderen zu verwechseln und häufig anzutreffen sind. So hat man die Gewähr, auf Streifzügen und Wanderungen ein paar essbare Kräuter zu finden. Gleichzeitig wird vermieden, dass man Pflanzen pflückt, die aufgrund ihrer Seltenheit gefährdet und geschützt sind. In allen vierzig Pflanzengattungen ist mindestens eine Art dabei, die auch in tieferen Lagen vorkommt.

In der Einführung werden zuerst einige Informationen zu Gebirgspflanzen vermittelt und dann die Lebensräume vorgestellt, in denen die essbaren Bergkräuter vorkommen. Es folgen Ausführungen zum Bestimmen und Sammeln der Kräuter. Im Abschnitt «Erste Hilfe mit Bergkräutern» werden

Hinweise gegeben, wie die Kräuter bei leichteren Gesundheitsproblemen eingesetzt werden können. Die Einführung schließt mit Angaben zu Geruch und Geschmack und zum Kochen mit Bergkräutern.

Im zweiten Teil werden fünfzig Rezepte vorgestellt, die essbare Bergkräuter als Beigabe enthalten. Die Rezepte sind nach zehn Kategorien gegliedert, wobei jede Kategorie fünf Rezepte umfasst.

Im dritten Teil werden die essbaren Bergkräuter vorgestellt. Die Reihenfolge richtet sich nach den botanischen Namen. Bei jeder der vierzig Gattungen werden ein bis drei häufig vorkommende Arten in Text und Bild genau beschrieben.

Im Anhang finden sich nützliche Tabellen zu den essbaren Bergkräutern, die beim Suchen, Bestimmen und Kochen helfen. Ein ausführliches Literaturverzeichnis gibt zudem Hinweise zu weiterführender Lektüre.

Nun wünschen wir viel Vergnügen und Erfolg beim Suchen und Zubereiten der aromatischen Bergkräuter.

Thomas Pfister & Fides Auf der Maur

EINFÜHRUNG

Anpassungen von Gebirgspflanzen

Verschiedene Faktoren im Gebirge machen es den Pflanzen nicht einfach, dort zu überleben:

- Es herrschen zum Teil extreme Temperaturunterschiede, sowohl zwischen den Jahreszeiten als auch zwischen Tag und Nacht.
- Die Schneedecke bleibt oft lange liegen und der Boden lange gefroren, was zu einer sehr kurzen Vegetationszeit führt.
- Der Boden enthält oft kaum Nährstoffe und ist zudem häufig instabil.
- Die exponierte Lage bringt starken Wind und peitschenden Regen und Schnee.
- Die UV-Strahlung ist sehr stark.

Die Gebirgspflanzen wissen sich durch spezielle Mechanismen diesen widrigen Verhältnissen anzupassen.

Zwergwuchs

Viele Gebirgspflanzen bleiben in ihrem Wuchs klein und schmiegen sich dem Boden an. Dieser Zwergwuchs ist angesichts starker Winde und großer Winterkälte von Vorteil. Die Blüten hingegen sind oft größer als bei ähnlichen Arten im Tiefland. So locken sie von Weitem Insekten für die Bestäubung an.

Ein Beispiel ist die Goldrute: Während die Gewöhnliche Goldrute (*Solidago virgaurea,* s. S. 197) rund 80 cm, manchmal sogar 120 cm groß wird, erreicht die Alpen-Goldrute (*Solidago virgaurea* subsp. *minuta,* s. S. 197) nur gerade eine Wuchshöhe von maximal 40 cm.

Es gibt keine Regel ohne Ausnahme: Während das Maßliebchen (*Bellis perennis,* s. S. 113) nur wenige Zentimeter groß wird, streckt sich das Alpenmaßlieb (*Aster bellidiastrum,* s. S. 113) rund 25 cm hoch. Da es an sehr feuchten Stellen wächst, entkommen die Blüten so dem schädlichen Nass und locken auf den hohen Stängeln Insekten an.

Einige Gebirgspflanzen wachsen in dichten Polstern oder Horsten. So schützen sie sich gegenseitig vor Austrocknung durch starke Winde.

Lange Wurzeln und dicke Blätter

Gebirgspflanzen besitzen oft ein sehr ausgeprägtes Wurzelwerk. So können sie sich in instabilen Verhältnissen verankern und mit tiefen Wurzeln das wertvolle Wasser erreichen. Die Wurzeln dienen im Winter als Speicherorgan, in dem der Pflanze wertvolle Nährstoffe erhalten bleiben. Ein Beispiel aus der Liste der essbaren Pflanzen ist die Gewöhnliche Klatschnelke (*Silene vulgaris,* s. S. 194), die bis 1 m tief reichende, dicke Wurzeln ausbildet.

Die dicken Blätter einiger Pflanzen, vor allem aus der Familie der Dickblattgewächse (Crassulaceae), dienen als Wasserspeicher in Trockenzeiten. Von den essbaren Bergkräutern gehört der Weiße Mauerpfeffer (*Sedum album,* s. S. 192) zu dieser Familie.

Edelweiß *(Leontopodium alpinum)*

Knöllchen-Knöterich *(Polygonum viviparum)*

Frostschutz und Bräunungseffekt

Der durch intensives Infrarotlicht in den Bergen hervorgerufene Zuckerüberschuss in den Pflanzenblättern ist ein wirksamer Frostschutz. Der Zucker setzt den Gefrierpunkt des Zellsaftes wesentlich herab, sodass der Frost überstanden werden kann. Die oft ledrigen Blätter tragen ihrerseits dazu bei, ein durch langen Frost drohendes Vertrocknen zu verhindern. Die nicht in Zucker verwandelten Kohlenhydrate fördern den Aufbau von Farbpigmenten in Blättern und Blüten, welche die Pflanze vor dem schädlichen UV-Licht schützen.

Auch die oft ausgeprägte Behaarung ist ein Schutz gegen die Kälte. Sie verhindert, dass der Wind das aus den Poren gasförmig austretende Wasser fortreißt. Man könnte das fast als eine Art Pullover bezeichnen. Bekanntestes Beispiel für eine starke Behaarung ist das Edelweiß.

Lebendgebärende Pflanze

Ein seltenes Phänomen in der Pflanzenwelt lässt sich beim Knöllchen-Knöterich (*Polygonum viviparum,* s. S. 174) beobachten: Statt Samen bildet er am Blütenstand junge Knöllchen aus, die auf den Boden fallen und dort direkt Wurzeln schlagen. Dasselbe Phänomen lässt sich beim Alpen-Rispengras *(Poa alpina)* beobachten, das oft am selben Standort wie der Knöllchen-Knöterich wächst.

Gerade Gebirgspflanzen leisten für ihr Überleben Großes. Aus diesem Grund sollten wir mit ihnen sehr sorgsam umgehen und darauf achten, dass wir sie nicht durch unser Tun in Gefahr bringen. Seltene oder sogar geschützte Pflanzen sind für uns tabu respektive sollen nur unser Auge erfreuen, nicht aber unseren Gaumen. Als Fotomotiv stehen sie uns aber jederzeit gerne zur Verfügung.

Laserkraut *(Laserpitium)*

Besenheide *(Calluna)*

Lebensräume von Bergkräutern

Pflanzen sind mehr oder weniger an ihren Standort gebunden und können ihn nicht einfach verlassen. Sie sind deshalb auf gewisse Umweltfaktoren angewiesen wie zum Beispiel Sonneneinstrahlung, Feuchtigkeit, Bodenqualität und Windverhältnisse. Wenn diese Faktoren für eine Pflanze an einem Ort ideal ausgeprägt sind, können die Pflanzen an ihrem Standort über Jahre und Jahrzehnte gedeihen und sich ausbreiten.

Beim Sammeln von Wildkräutern ist es von Vorteil, Kenntnisse von den Lebensräumen zu besitzen. So finden sich zum Beispiel auf Blaugrasheiden (s. S. 15) besonders viele essbare Wildkräuter. Bei der Auswahl der Kräuter in diesem Buch wurde großer Wert darauf gelegt, nur häufig vorkommende Pflanzen zu beschreiben. Es kann aber vorkommen, dass von anderenorts häufig auftretenden Pflanzen an einem Standort nur ganz wenige vorhanden sind. Im Sinne des Naturschutzes sollten hier nur ganz wenige Pflanzen geerntet oder sogar auf ein Sammeln verzichtet werden.

Im vorliegenden Buch werden essbare Kräuter aus der subalpinen und alpinen Höhenstufe beschrieben. Eine Höhenstufe umfasst botanisch gewisse Pflanzen in Abhängigkeit von der Höhe über dem Meeresspiegel. Man spricht darum auch von Vegetationsstufen. Die Vegetationsstufen sind je nach geografischer Region und nach Exposition (süd- oder nordseitig) verschieden.

Die subalpine Höhenstufe

Diese Höhenstufe liegt oberhalb der geschlossenen Waldzone (montane Stufe) und reicht bis zur Waldgrenze. Der Wald ist zum Teil noch dicht oder aber schon ziemlich aufgelockert. Durch Rodungen zur Gewinnung von Weideland gibt es oft größere Wiesen. In den tieferen Lagen wächst Mischwald aus Laub- und Nadelbäumen, in

Subalpine Stufe

den höheren Lagen Nadelwald, bestehend aus Fichten, Föhren, Lärchen und Arven.

Höhenangaben zur subalpinen Stufe (die oberen Höhenzahlen entsprechen der Waldgrenze)

Zone	Süd-exposition	Nord-exposition
nördliche Voralpen	1300–2100 m	1200–1900 m
Zentralalpen	1800–2500 m	1400–2100 m
südliche Voralpen	1700–2800 m	1500–2600 m

Das Klima in der subalpinen Zone ist rauer als in den unteren Höhenstufen, aber doch noch gemäßigter als in der alpinen Zone. Der Boden in Mischbergwäldern ist recht fruchtbar, in der Nadelholzzone versauert er zum Teil durch die abfallenden Nadeln, was ein Überleben von Kräutern erschwert.

Rapunzel *(Phyteuma)*

Die alpine Höhenstufe

Diese Höhenstufe beginnt oberhalb der Waldgrenze. Ohne den Schutz von Bäumen und Büschen herrschen hier raue klimatische Bedingungen, unter denen nur speziell angepasste Pflanzen überleben können. Ihr Erscheinungsbild ist oft gekennzeichnet durch Kleinwuchs, starke Behaarung, ledrige Blätter und tief reichendes Wurzelwerk. Oft müssen sie mit sehr wenig Nährstoffen und Wasser auskommen.

Höhenangaben zur alpinen Stufe

Zone	Süd-exposition	Nord-exposition
nördliche Voralpen	2100–2700 m	1900–2400 m
Zentralalpen	2500–3200 m	2100–2700 m
südliche Voralpen	1700–2800 m	1500–2600 m

Oberhalb der alpinen Stufe schließt sich die nivale Höhenstufe an.

Beschreibung der Lebensräume

Im Folgenden werden die Lebensräume vorgestellt, in denen die im Buch beschriebenen aromatischen Kräuter zu Hause sind. Hier eine Übersicht der Lebensräume mit Angaben zu den Höhenstufen:

Kategorie	Lebensraum	subalpin	alpin
Ufer und Feuchtgebiete	Kalkreiches Kleinseggenried	●	
	Nährstoffreiche Feuchtwiese	●	
	Offenes Hochmoor	●	
Gletscher, Fels, Schutt und Geröll	Kalkschuttflur	●	●
	Kalkfelsflur	●	●
	Silikatfelsflur	●	●
	Serpentingesteinsflur	●	●
Grünland	Kalkfels-Pionierflur des Gebirges	●	
	Inneralpine Felsensteppe	●	
	Blaugrasheide		●
	Rostseggenhalde	●	
	Windkantenrasen		●
	Borstgrasrasen	●	●
	Buntschwingelhalde		●
	Krummseggenrasen		●
	Bergfettwiese	●	
	Bergfettweide	●	●
Krautsäume, Hochstaudenfluren und Gebüsche	Kalkarme Schlagflur	●	
	Hochstaudenflur des Gebirges	●	
	Grünerlengebüsch	●	
	Subalpine Kalkheide	●	
	Trockene subalpine Zwergstrauchheide	●	
Wälder	Ahorn-Schluchtwald	●	
	Tannen-Fichtenwald	●	
	Bergföhrenwald	●	
Ruderalstandorte	Subalpine Trittflur	●	
	Alpine Lägerflur		●

Ufer und Feuchtgebiete

Kalkreiches Kleinseggenried: Wenn Böden durch Grundwasser dauerhaft nass sind, entstehen mit der Zeit Flachmoore. Am häufigsten sind Sauergräser mit kalkanzeigenden Seggen vertreten. Kalkreiche Kleinseggenriede gibt es vom Tiefland bis auf rund 2100 m. Vom Menschen werden sie als Streuwiese bewirtschaftet oder extensiv beweidet. Oft ist ein Reichtum an Orchideen zu beobachten. Vor allem auf feuchten, wasserzügigen Hängen sind **Schnittlauch** (*Allium schoenoprasum,* s. S. 105) und **Alpenmaßlieb** (*Aster bellidiastrum,* s. S. 113) häufig zu finden.

Nährstoffreiche Feuchtwiese: Im Gegensatz zum Kleinseggenried enthält der Boden dieser feuchten Wiesen und Weiden viele Nährstoffe. Zu finden sind diese Feuchtwiesen oft entlang kleiner Bachläufe bis auf 2000 m. Von den essbaren Kräutern ist hier als Charakterart der **Sumpf-Pippau** (*Crepis paludosa,* s. S. 129) zu finden. Auch **Bach-Nelkenwurz** (*Geum rivale,* s. S. 140), **Großer Wiesenknopf** (*Sanguisorba officinalis,* s. S. 189) und **Schlangen-Knöterich** (*Polygonum bistorta,* s. S. 174) sind häufig anzutreffen.

Offenes Hochmoor: Im Gegensatz zu den nährstoffreichen Flachmooren sind Hochmoore nährstoffarm, da sie hauptsächlich von Regenwasser gespeist werden. Mit den Jahren kann die Torfschicht viele Meter dick werden. Hochmoore finden sich meistens auf 600–1100 m, seltener steigen sie bis 1800 m. Nur wenige Pflanzen ertragen das nährstoffarme und saure Klima, aus der Liste der essbaren Bergkräutern nur die **Besenheide** (*Calluna vulgaris,* s. S. 116).

Gletscher, Fels, Schutt und Geröll

Alpine Kalkschuttflur: Typisch für die Kalkgebirge sind die Schuttfluren, im Volksmund auch «Geröllhalden» genannt. Hier ist vor allem Gesteinsmaterial anzutreffen, das oft in Bewegung ist oder durch Felsabstürze ergänzt wird. Der Feinerdeanteil ist eher gering, was eine geschlossene Vegetation verhindert. Nur an große Temperaturunterschiede (Winter-Sommer sowie Tag-Nacht) angepasste Pflanzen können hier überleben. Die Wurzeln sind oft lang und passen sich den sich ändernden Verhältnissen an. In der alpinen Kalkschuttflur finden sich als Charakterart **Berg-Milchkraut** (*Leontodon montanus,* s. S. 154) und an feuchten Stellen oft auch **Schnittlauch** (*Allium schoenoprasum,* s. S. 105). Ist der Feinerdeanteil etwas größer, ist daneben auch die **Gewöhnliche Alpen-Gänsekresse** (*Arabis alpina,* s. S. 110) häufig anzutreffen. Auf trockenwarmen Kalkschuttfluren findet man häufig das **Berg-Laserkraut** (*Laserpitium siler,* s. S. 151).

Feinerdereiche Kalkschuttflur: Dieser Lebensraum ist ähnlich wie die alpine Kalkschuttflur, weist aber einen höheren Anteil an Feinerde (Humus) auf. Als Charakterart tritt das **Raue Milchkraut** (*Leontodon hispidus,* s. S. 155) auf. Häufig anzutreffen sind die **Schwarze Schafgarbe** (*Achillea atrata,* s. S. 97) und der **Schildblättrige Ampfer** (*Rumex scutatus,* s. S. 187).

Trockene Kalkfelsflur: In den oft steilen oder senkrechten Felsen kann sich außer in Felsspalten kein Feinmaterial anhäufen, das für das Wachstum der meisten Pflanzen nötig ist. Daher ist der Deckungsgrad an Pflanzen sehr gering. In diesem Lebensraum treten intensive Trockenperioden und extreme Temperaturschwankungen auf. In diesen unwirtlichen Felsen ist die essbare **Rundblättrige Glockenblume** (*Campanula rotundifolia,* s. S. 118) häufig.

Schattige Kalkfelsflur: An schattigen Kalkfelsen, wo die Feuchtigkeit größer ist, werden die Felsbänder von Moosen und Farnen bevölkert. Kalkfelsfluren sind auf allen Höhenstufen anzutreffen. Das **Gelbe Zwerg-Veilchen** (*Viola biflora,* s. S. 206) ist hier ein häufiges essbares Bergkraut.

Silikatfelsflur: Auf saurem Silikatgestein wachsen zumeist nicht dieselben Pflanzen wie auf basischem Kalkgestein. Hier finden sich oft auch trockenliebende Moose und Flechten. Silikatfelsfluren sind auf allen Höhenstufen vorhanden. Häufig anzutreffen ist das essbare **Hügel-Weidenröschen** (*Epilobium collinum,* s. S. 132).

Serpentingesteinsflur: Im Unterschied zu anderen kristallinen (silikatreichen) Gesteinen enthält der grünfarbene Serpentin viele Basen und Schwermetalle. Deshalb werden diese Lebensräume nur von schwermetallresistenten Pflanzen, hauptsächlich Farnen, besiedelt. Nur kleine, isolierte Flächen auf einer Höhe bis ca. 1600 m werden von Pflanzen besiedelt. Als essbares Kraut findet sich hier die **Rundblättrige Glockenblume** (*Campanula rotundifolia,* s. S. 118).

Grünland (Naturrasen, Wiesen und Weiden)

Kalkfels-Pionierflur des Gebirges (Karstflur): Weil hier das Gelände weniger steil ist, können vor allem auf südexponierten Hängen zwischen 800 und 1800 m viele Pflanzen gedeihen, zum Teil mit spalierartiger Wuchsform. Die meistens niederliegenden Pflanzen legen sich dicht an die Felsoberfläche, um von der tagsüber gespeicherten Wärme zu profitieren. Von den essbaren Bergkräutern findet man hier **Alpen-Steinquendel** (*Acinos alpinus,* s. S. 100) und **Gebirgs-Feld-Thymian** (*Thymus praecox* subsp. *polytrichus,* s. S. 200).

Inneralpine Felsensteppe: Die steppenartigen Trockenrasen mit lockerer Vegetation zwischen den Grasbüscheln sind in der Schweiz nur noch im Wallis, meistens zwischen 300 und 600 m, seltener über 1000 m bis maximal 3000 m (am Gornergrat bei Zermatt) zu finden. Der Boden ist sandig und damit wasserdurchlässig. Im Sommer ist es hier sehr trocken. Dieser Lebensraum beinhaltet eine große biologische Vielfalt. Von den essbaren Kräutern sind hier beide Thymianarten, **Arznei-Feld-Thymian** (*Thymus pulegioides*, s. S. 200) und **Gebirgs-Feld-Thymian** (*Th. praecox* subsp. *polytrichus,* s. S. 200), zu finden.

Blaugrasheide: Dieser Lebensraum hat eine große Vielfalt an Pflanzen; auffällig sind die vielen Vertreter aus der Familie der Fabaceae (Schmetterlingsblütler). Die Böden sind flachgründig und steinig, womit sie schnell austrocknen. Blaugrasheiden trifft man vor allem zwischen 2000 m und 2500 m an, unterhalb auch auf vom Menschen gerodeten Flächen. Sie werden oft als Schaf- oder Rinderweiden genutzt. Folgende essbaren Kräuter sind hier als Charakterarten zu finden: **Bewimperte Gänsekresse** (*Arabis ciliata,* s. S. 110), **Crantz' Fingerkraut** (*Potentilla crantzii,* s. S. 177) und **Gebirgs-Feld-Thymian** (*Thymus praecox* subsp. *polytrichus,* s. S. 200).

Rostseggenhalde: Das sind mehr oder weniger geschlossene Hangrasen, die von Gräsern dominiert werden. Diese stehen aber locker und lassen eine reichhaltige Begleitflora zu. Die Rasen bedecken gut durchfeuchtete, nordexponierte Steilhänge, oft mit tonhaltigen Schiefersubstraten, auf einer Höhe von 1200 m bis über 2000 m. Folgende essbaren Kräuter kommen auf Rostseggenhalden häufig vor: **Alpenmaßlieb** (*Aster bellidiastrum,* s. S. 113), **Breitblättriges Laserkraut** (*Laserpitium latifolium,* s. S. 151), **Alpen-Liebstock** (*Ligusticum mutellina,* s. S. 157) und **Braun-Klee** (*Trifolium badium*, s. S. 203).

Windkantenrasen: Hier wachsen verschiedene kleinwüchsige Kräuter. Auf solchen windexponierten Kuppen fehlt im Winter die schützende Schneedecke, weshalb nur wenige Arten hier überleben können. Zu den Charakterarten gehört die essbare **Bewimperte Gänsekresse** (*Arabis ciliata,* s. S. 110). Ebenfalls häufig hier zu finden ist der **Zwerg-Liebstock** (*Ligusticum mutellinoides,* s. S. 157).

Borstgrasrasen: Der Artenreichtum ist hier groß. Oft werden diese Rasen vom Vieh im Sommer abgeweidet. Eine Übernutzung magerer Wiesen führt zu Borstgrasrasen, weil das Vieh diese zähen Gräser nicht frisst. Bei zu hoher Bestoßung führt die Überdüngung zu alpinen Fettweiden. Die **Berg-Nelkenwurz** (*Geum montanum,* s. S. 140) ist eine Charakterart der Borstgrasrasen. Ebenfalls häufig anzutreffen sind folgende essbaren Bergkräuter: **Gold-Fingerkraut** (*Potentilla aurea,* s. S. 177), **Blutwurz** oder **Tormentill** (*Potentilla erecta*, s. S. 178), **Scheuchzers Glockenblume** (*Campanula scheuchzeri*, s. S. 118), **Schweizer Milchkraut** (*Leontodon helveticus*, s. S. 154), **Betonienblättrige Rapunzel** (*Phyteuma betonicifolium*, s. S. 165), **Alpen-Wegerich** (*Plantago alpina*, s. S. 171) und **Knöllchen-Knöterich** (*Polygonum viviparum*, s. S. 174).

Buntschwingelhalde: Dieser Lebensraum ist geprägt von sauren Silikatböden an sonnigen Hanglagen von 600–2700 m. Charakteristisch ist die gelbliche Farbe dieser Rasen. Die Artenvielfalt an Pflanzen ist hier eher gering. Von den essbaren Kräutern sind hier **Betonienblättrige Rapunzel** (*Phyteuma betonicifolium,* s. S. 165) sowie **Gewöhnliches Nickendes Leimkraut** (*Silene nutans,* s. S. 194) häufig anzutreffen.

Krummseggenrasen: Diesen Lebensraum findet man auf der alpinen Höhenstufe zwischen 2000 und 3000 m. Der Boden ist wie bei der Buntschwingelhalde sauer; Basen und Nährstoffe sind ausgewaschen. Somit gibt es nur eine kleine botanische Artenvielfalt. Von den essbaren Kräutern finden sich hier **Schweizer Milchkraut** (*Leontodon helveticus,* s. S. 154), **Zwerg-Liebstock** (*Ligusticum mutellinoides,* s. S. 157), **Halbkugelige Rapunzel** (*Phyteuma hemisphaericum,* s. S. 165) und **Knöllchen-Knöterich** (*Polygonum viviparum,* s. S. 174).

Bergfettwiese: Auf einer Höhe zwischen 800 und 1600 m, in den Zentralalpen bis 2000 m, findet man diesen Lebensraum. Neben verschiedenen Gräsern wachsen dank der vielen Niederschläge auch viele andere Pflanzen; davon essbar sind **Große Bibernelle** (*Pimpinella major,* s. S. 168), **Berg-Sauerampfer** (*Rumex alpestris* s. S. 186), **Alpen-Wegerich** (*Planta-*

go alpina, s. S. 171), **Schlangen-Knöterich** (*Polygonum bistorta,* s. S. 174), **Braun-Klee** (*Trifolium badium,* s. S. 203) und **Gewöhnliches Feld-Stiefmütterchen** (*Viola tricolor,* s. S. 206).

Bergfettweide: Anschließend an die Bergfettwiese, auf einer Höhe von 1600–2500 m trifft man diesen Lebensraum an, der größtenteils durch Rodungen des Bergwaldes entstanden ist. Die Weiden werden im Sommer von Vieh bestoßen und zum Teil auch mit Stallmist oder Gülle gedüngt. Aus der Liste der essbaren Bergkräuter ist der **Gold-Pippau** (*Crepis aurea*, s. S. 129) eine charakteristische Art. Ebenfalls häufig anzutreffen sind **Kümmel** (*Carum carvi,* s. S. 124), **Raues Milchkraut** (*Leontodon hispidus,* s. S. 155), **Alpen-Liebstock** (*Ligusticum mutellina,* s. S.157), **Alpen-Wegerich** (*Plantago alpina,* s. S. 171), **Berg-Wegerich** (*Plantago atrata,* s. S.171), **Braun-Klee** (*Trifolium badium,* s. S. 203) und **Schnee-Rot-Klee** (*Trifolium pratense* subsp. *nivale,* s. S. 204).

Krautsäume, Hochstaudenfluren und Gebüsche

Kalkarme Schlagflur: Das essbare **Wald-Weidenröschen** (*Epilobium angustifolium,* s. S. 132) gibt diesem Lebensraum in der Blütezeit den unverwechselbaren Charakter. Auf dem sauren Boden bindet dieses Kraut die verfügbaren Nährstoffe und bildet große Bestände, die das Vordringen des Waldes oft verhindern können. Daneben finden sich nur wenige andere Pflanzenarten; aus der Liste der essbaren Kräuter nur die **Gewöhnliche Goldrute** (*Solidago virgaurea* s. S. 197).

Hochstaudenflur des Gebirges: Auf den tiefgründigen, feuchten Böden an eher schattigen Hängen dominieren auffällig großblättrige Pflanzen. Die Vegetationsperiode ist relativ kurz, aber intensiv. Dieser Lebensraum kommt auf 1200–1900 m, selten bis 2200 m vor. Von den essbaren Kräutern finden sich hier **Berg-Sauerampfer** (*Rumex alpestris,* s. S. 186) und **Gelbes Berg-Veilchen** (*Viola biflora,* s. S. 206).

Grünerlengebüsch: Unter den Büschen aus Grün-Erlen wächst dank großem Nährstoffangebot eine recht üppige Krautschicht. Die meistens nordexponierten, feuchten Hänge finden sich von 1100–2000 m. Von den essbaren Kräutern ist hier das **Gelbe Berg-Veilchen** (*Viola biflora,* s. S. 206) als Charakterart zu finden.

Subalpine Kalkheide: Dieser Lebensraum wird oft von der Bewimperten Alpenrose *(Rhododendron hirsutum)* dominiert. Die kalkreichen Hänge, häufig auch auf Felskuppen oder am Fuß wenig aktiver Geröllhalden, werden vom Menschen kaum bewirtschaftet. Von den essbaren Kräutern findet man hier die **Steinbeere** (*Rubus saxatilis,* s. S. 183).

Trockene subalpine Zwergstrauchheide: Diese Heidegesellschaft wird dominiert von immergrünen, trockenresistenten Zwergsträuchern. Die sonnigen Felshänge mit großen Temperaturunterschieden (Sommer-Winter und Tag-Nacht) finden sich auf einer Höhe von 1500–2200 m. Auf dem sauren und nährstoffarmen Boden können nur wenige Kräuter gedeihen. Charakteristisch und häufig ist hier die essbare **Besenheide** (*Calluna vulgaris,* s. S. 116). Auch die **Betonienblättrige Rapunzel** (*Phyteuma betonicifolium,* s. S. 165) ist hier häufig.

Wälder

Ahorn-Schluchtwald: Dieser Lebensraum kommt vor allem in der montanen Höhenstufe vor, steigt aber nicht selten bis gegen 1700 m. Der oft urwaldähnliche Wald wächst auf instabilen Hängen und ist mit einem dichten Unterwuchs besiedelt. Der Boden ist feucht und meistens kalkhaltig. Von den essbaren Kräutern sind die gut schattenertragenden Arten **Ruprechtskraut** (*Geranium robertianum,* s. S. 138) und **Gelbes Berg-Veilchen** (*Viola biflora,* s. S. 206) häufig anzutreffen.

Tannen-Fichtenwald: Er wächst auf einer Höhe von 1100–1600 m, selten bis 1900 m (tiefer liegende Fichtenwälder sind vom Menschen gepflanzt worden!). Der Unterwuchs muss an den sauren Boden und die zum Teil schlechten Lichtverhältnisse angepasst sein. Von den essbaren Kräutern findet man hier nur die **Gewöhnliche Goldrute** (*Solidago virgaurea,* s. S. 197).

Bergföhrenwald:. Er reicht von 1400–2200 m, selten bis 2350 m. Oft ist es hier infolge der felsigen Landschaft sehr trocken. Als einziges essbares Kraut ist hier die **Steinbeere** (*Rubus saxatilis*, s. S. 183) zu finden.

Ruderalstandorte

Subalpin-alpine Trittflur: Von rund 1500–2000 m ist dieser Lebensraum anzutreffen, vor allem bei starker Beweidung durch Kühe. Diese kurzen Rasen befinden sich oft in der Nähe von Alphütten oder auch in beweideten Schneetälchen und periodisch überschwemmten Mulden. Von den essbaren Kräutern ist hier der **Gemeine Frauenmantel** (*Alchemilla xanthochlora,* s. S. 102) sehr häufig anzutreffen.

Alpine Lägerflur: Der essbare **Alpen-Ampfer** (*Rumex alpinus,* s. S. 186) bildet mit weiteren stickstoff- und phosphorliebenden Pflanzen einen dichten Teppich mit hohen Stauden. Da diese vom Vieh nicht gefressen werden, bleiben sie oft den ganzen Sommer hindurch stehen, wenn sie nicht von den Alphirten gemäht werden. Neben dem Alpen-Ampfer ist hier auch der essbare **Berg-Sauerampfer** (*Rumex alpestris,* s. S. 186) häufig zu finden.

Weidenröschen *(Epilobium)*

Goldrute *(Solidago)*

Suchen und Bestimmen von essbaren Bergkräutern

Bei der Auswahl der in diesem Buch vorgestellten essbaren Bergkräuter wurden folgende Kriterien berücksichtigt:

- **Vorkommen im Gebirge:** Alle beschriebenen Kräuter kommen in der subalpinen und viele auch in der alpinen Höhenstufe vor. Bei allen Gattungen werden Arten vorgestellt, die auch in den tiefer liegenden Gebieten zu finden sind. Die Kräuter treten mit wenigen Ausnahmen im gesamten Alpengebiet und auch im Jura auf.

- **Häufige Arten:** Da nicht wenige Gebirgspflanzen in ihrem Bestand gefährdet und zum Teil auch geschützt sind, wurde großer Wert darauf gelegt, nur Gattungen und Arten aufzunehmen, die im ganzen Alpenraum häufig anzutreffen sind. Es kann aber vorkommen, dass an einem Fundort nur sehr wenige dieser sonst häufigen Arten wachsen. Dann sollte man auf das Pflücken oder Sammeln verzichten und andere Arten bevorzugen.

- **Gefahrloses Sammeln:** Es werden ausschließlich Kräuter vorgestellt, die nicht mit ungenießbaren oder sogar giftigen Pflanzen verwechselt werden können. Im nicht blühenden Zustand lassen sich die Blätter der Pflanzen oft nur schwer unterscheiden, deshalb ist hier Vorsicht geboten.
Es ist sehr wichtig, nur Pflanzen zu sammeln, die man mit absoluter Sicherheit kennt. Die genauen Pflanzenbeschreibungen und die detaillierten Fotos im Buch helfen beim Bestimmen. Im Zweifelsfall lässt man die Pflanzen stehen! Es hat immer genügend andere essbare Kräuter in der Umgebung.
Stachelige und brennende Pflanzen wurden nicht ins Buch aufgenommen.

Thymian *(Thymus)*

Milchkraut *(Leontodon)*

Unbeschwertes Genießen

Die beschriebenen Pflanzen sind weder giftig noch schädlich. Die meisten sind aber nicht für massenhaften Verzehr geeignet, sondern eher als Würze oder kleine Beilage zu den verschiedenen Gerichten. Bei den Pflanzen, bei denen mengenmäßig eher Vorsicht geboten ist, sind entsprechende Hinweise aufgeführt. Verwenden Sie bei ersten Versuchen mit essbaren Bergkräutern nur kleine Mengen und beobachten Sie genau, wie sie schmecken.

Bestimmen von essbaren Bergkräutern

Innerhalb einer Gattung gibt es meistens mehrere Pflanzenarten. Diese voneinander zu unterscheiden, ist zum Teil nicht ganz einfach. Für die Kräuterküche ist dies aber nicht von entscheidender Bedeutung, da die Arten einer Gattung sich bezüglich Geruch und Geschmack meistens kaum unterscheiden und somit für dieselben Gerichte verwenden lassen.

Botanisch erfahrene Personen können die im Buch präsentierten Bergkräuter anhand der aufgeführten Gattungsmerkmale bestimmen. Die Bestimmung der Arten erfolgt dann auf den folgenden Seiten aufgrund der detaillierten Beschreibung und der Fotos.

Botanisch weniger versierte Personen können die gefundenen Kräuter mit den Fotos im Buch vergleichen und versuchen, sie anhand der aufgeführten Merkmale zu identifizieren. Da im Buch die häufigsten Arten beschrieben sind, ist die Chance groß, dass man diese findet. Laien wird empfohlen, die Kräuter nur im blühenden Zustand zu bestimmen, da die Blüte neben den Blättern oft das auffälligste Merkmal einer Pflanze ist.

Jede Pflanze hat ihren bevorzugten Lebensraum, wo sie am häufigsten anzutreffen ist. Die Lebensräume der essbaren Bergkräuter sind auf den Seiten 13–18 beschrieben. Kenntnisse der Lebensräume können das Auffinden essbarer Bergkräuter erleichtern.

Milchkraut *(Leontodon)*

Laserkraut *(Laserpitium)*

Sammeln von essbaren Bergkräutern

Von den hier vorgestellten Pflanzen lassen sich fast an jedem Ort einige Arten finden. Ausgerüstet mit Buch, Taschenmesser und ein paar Plastikbeuteln oder -gefäßen macht man sich auf die Suche. Bewährt haben sich verschließbare Plastikgefäße, die mit einem feuchten Haushaltstuch ausgelegt werden, damit die geernteten Kräuter länger frisch bleiben.

Auf das Ausgraben von Wurzeln sollte verzichtet werden, da damit die ganze Pflanze verschwindet.

Bereits entlang des Weges wird man das eine oder andere Kräutlein entdecken. Ist man nicht sicher, um welche Pflanze es sich handelt, schlägt man im Buch nach und vergleicht den Fund mit der Beschreibung und den Fotos.

Wenn man schon weiß, zu welchem Rezept man die Kräuter sucht, hilft die Tabelle auf Seite 210, welche eine Übersicht zu den Rezepten und Kräutern gibt. Die Zuteilung der Kräuter zu den einzelnen Rezepten wurde sorgfältig erprobt. Mit etwas Fantasie und Mut kann man die Bergkräuter aber auch in anderen Zubereitungen und Rezepten verwenden.

Die richtigen Teile ernten

Nach dem Bestimmen der Pflanze erntet man vorsichtig die im Buch bezeichneten Pflanzenteile: Triebe oder Sprosse, Blätter, Knospen, Blüten/Blütenstände oder Samen.

Hat es nur ganz wenige dieser Kräuter, schaut man zuerst in der Umgebung nach, ob es noch mehr davon gibt. Wenn nicht, verzichtet man auf das Ernten und setzt die Suche respektive die Wanderung fort.

Steinbeere *(Rubus)*

Thymian *(Thymus)*

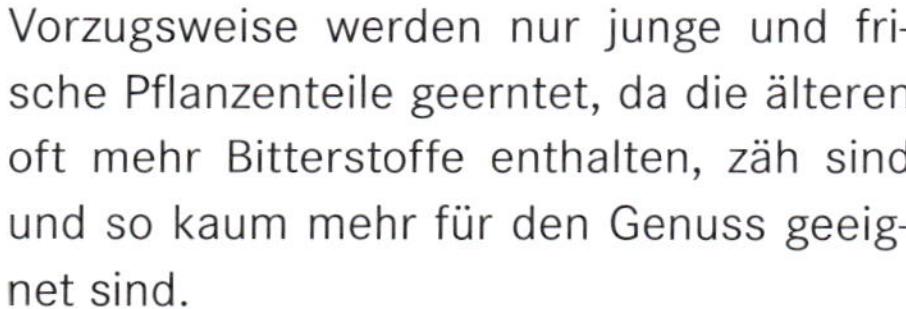

Vorzugsweise werden nur junge und frische Pflanzenteile geerntet, da die älteren oft mehr Bitterstoffe enthalten, zäh sind und so kaum mehr für den Genuss geeignet sind.

Die entsprechenden Pflanzenteile werden mit dem Messer abgeschnitten oder notfalls mit den Fingern abgeknipst. Dann werden die Pflanzen von Fremdstoffen (anderen Blättern, Dreck usw.) grob gesäubert und im Plastikbeutel oder -gefäß verwahrt. Jede Pflanzenart wird separat in einem Plastikbeutel oder in einem separaten Abteil eines Gefäßes deponiert. Man möchte die einzelnen Pflanzen später ja noch unterscheiden können! Ist man länger unterwegs, lohnt es sich, ab und zu einen Blick in die Sammelgefäße zu werfen und gegebenenfalls einen Spritzer Wasser auf die Kräuter zu geben.

Menge und Erntezeit

Es geht nicht darum, große Mengen an Bergkräutern auf Vorrat zu sammeln. Vielmehr werden ein paar wenige Kräuter gezielt gesucht, bestimmt und gepflückt. Dies macht man während des Wanderns am Wegrand oder bei einer Rast. Wird in einer Berghütte gekocht, werden die nötigen Kräuter am besten kurz vor der Zubereitung der Mahlzeit um die Hütte herum gesammelt.

Die beste Zeit für die Ernte ist der Vormittag oder der frühe Nachmittag, sobald die Kräuter abgetrocknet sind. Im Schatten und für Samen kann auch am späteren Nachmittag oder gegen Abend geerntet werden. Bei heißem Wetter sind die gesammelten Kräuter nach ein paar Stunden möglicherweise etwas welk, was ihrem Aroma aber nicht sonderlich schadet. Kräuter und Blüten für Salate oder andere Rohkostzubereitungen werden am besten erst kurz vor dem Kochen gesammelt und frisch zubereitet.

Goldrute *(Solidago)*

Wundklee *(Anthyllis)*

Vorsicht beim Ernten

Da viele Leute mit Hunden unterwegs sind, sollten Kräuter nicht direkt an viel begangenen Wegen geerntet werden. Man geht ein paar Schritte neben den Weg und erntet die dort wachsenden Kräuter.

Fuchskot bildet kaum eine Gefahr, obwohl immer wieder vor dem Fuchsbandwurm gewarnt wird. Füchse platzieren ihren Kot meistens gut sichtbar als Markierung mitten auf den Wegen.

Die größte Gefahr besteht, wenn sich Sammler in unwegsames und steiles Gelände wagen. Ein Ausrutscher genügt für einen schwerwiegenden Unfall. Das lohnt sich auf keinen Fall, auch nicht für ein paar sehr schmackhafte Bergkräuter.

Bei der Ernte muss man darauf achten, nur bekannte Kräuter zu sammeln. Keinesfalls soll großflächig alles abgeerntet werden. In einem großen Haufen sind nach einiger Zeit die einzelnen Kräuter kaum mehr voneinander zu unterscheiden.

Es ist klar, dass Kräuter nicht entlang viel befahrener Straßen geerntet werden, da die Pflanzen hier schadstoffbelastet sind.

Brunelle *(Prunella)*

Silbermantel *(Alchemilla)*

Erste Hilfe mit Bergkräutern

unter Mithilfe von Prof. Dr. med. Reinhard Saller, Zürich

Bei Wanderungen oder Ausflügen in den Bergen können verschiedene Gesundheitsprobleme auftreten. Für kleinere Beschwerden oder Probleme lassen sich viele Kräuter zur Linderung finden. Die Tabelle im Anhang Seite 216 gibt dazu eine Übersicht. Dort sind auch die Teile der Kräuter benannt, die für die Erste Hilfe verwendet werden. Am Ende jedes Pflanzenporträts sind unter «Wissenswertes» die Anwendungen kurz beschrieben. Es sollen keine großen Mengen der Kräuter eingenommen oder gegessen werden, sondern nur ein paar Blätter, junge Triebe, Blüten oder Samen. Werden die Symptome dadurch nicht gelindert oder nehmen sie sogar zu, muss die Selbstbehandlung abgebrochen und ärztliche Hilfe gesucht werden.

Im Folgenden sind die wichtigsten Gesundheitsprobleme kurz dargestellt sowie die Kräuter aufgelistet, die helfen und lindern.

Entzündungen Mund-Rachenraum und obere Atemwege

Häufig sind **Entzündungen des Zahnfleisches**. Hier können verschiedene Kräuter gekaut und eine Weile an den schmerzenden Stellen belassen werden:
Achillea – Alchemilla – Anthyllis – Epilobium – Geranium – Geum – Lotus – Origanum – Prunella – Rubus – Solidago – Thymus.

Bei **Katarrhen** und damit verbundenen **Halsschmerzen** können folgende Kräuter gekaut und dann geschluckt werden:
Acinos – Campanula – Hieracium – Thymus – Viola.

Bei **Husten** und **Heiserkeit** können folgende Kräuter gekaut und geschluckt werden:
Anthyllis – Cardamine – Thymus.

Schafgarbe *(Achillea)*

Klee *(Trifolium)*

Verdauungsprobleme

Bei **Magenschmerzen** können folgende Kräuter gut gekaut und geschluckt werden:
Achillea – Acinos – Alchemilla – Aster/Bellis – Epilobium – Geum – Hieracium – Ligusticum – Prunella – Rumex – Thymus.

Bei **Aufstoßen, Blähungen** oder **Sodbrennen** können folgende Kräuter gut gekaut und geschluckt werden:
Achillea – Carum – Crepis – Leontodon – Ligusticum – Origanum.

Bei leichtem **Durchfall** können folgende Kräuter gut gekaut und geschluckt werden:
Achillea – Rubus – Sanguisorba.

Bei **Appetitmangel** sind hilfreich:
Allium – Carum – Crepis – Origanum.

Hautprobleme

Bei **kleinen Wunden, Schürfungen** oder **Blasen** können ein paar der folgenden Kräuter zerquetscht und aufgelegt werden. Falls vorhanden, kann man die aufgelegten Blätter mit einer Gazebinde auf den betroffenen Hautpartien fixieren und für 1–2 Stunden belassen. Bei größeren oder stark blutenden Wunden oder offenen Blasen dürfen keine Kräuter aufgelegt werden!
Achillea – Alchemilla – Anthyllis – Aster/Bellis – Calluna – Campanula – Chenopodium – Epilobium – Geranium – Hieracium – Lamium – Lotus – Plantago – Polygonum – Prunella – Rumex – Sanguisorba – Sedum – Solidago – Thymus – Trifolium – Viola.

Dieselben Kräuter kann man bei **Nasenbluten** in die Nase stopfen.

Bei **Quaddeln** durch Brennnesseln oder bei **Insektenstichen** können folgende Kräuter zerquetscht aufgelegt oder sanft eingerieben werden:
Chenopodium – Lamium – Plantago – Rubus – Rumex – Viola.

Bei **Hautrötungen** oder leichtem **Sonnenbrand** können Auflagen aus zerquetschten Kräutern helfen:
Plantago – Rubus – Rumex – Sanguisorba – Sedum.

Ampfer *(Rumex)*

Weidenröschen *(Epilobium)*

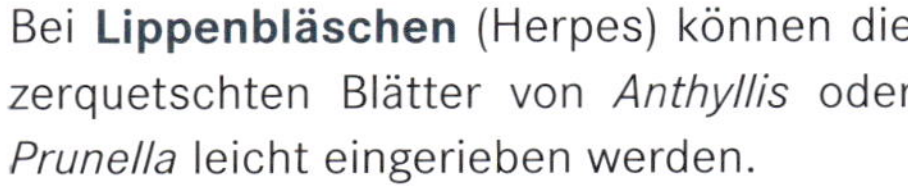

Bei **Lippenbläschen** (Herpes) können die zerquetschten Blätter von *Anthyllis* oder *Prunella* leicht eingerieben werden.

Bewegungsapparat/Kreislauf

Bei leichten Prellungen oder Quetschungen kann mit einer Auflage von folgenden Kräutern Linderung verschafft werden: *Alchemilla – Plantago – Rumex.*

Bei Muskelkater kann eine Auflage aus *Aster/Bellis* oder *Origanum* etwas helfen.

Bei schweren Beinen kann eine Auflage von *Galium* auf den Waden Linderung verschaffen.

Bei heißen Füßen können Blätter von *Plantago* in die Strümpfe eingelegt werden.

Nieren-Blasen-Probleme

Erkrankungen der Blase und der ableitenden Harnwege sind vor allem bei Frauen recht häufig. Bei länger dauernden und schmerzhaften Blasenproblemen ist eine Selbstbehandlung aber nicht angebracht und ärztliche Hilfe nötig. Auch bei Nierenleiden ist eine Behandlung mit selbst gesuchten Kräutern nicht angezeigt.

Ein paar Kräuter können zur Anregung der Harnausscheidung eingenommen werden: *Arabis – Epilobium – Galium – Ligusticum – Solidago – Viola.*

Mauerpfeffer *(Sedum)*

Dost *(Origanum)*

Der wilde Geschmack und Geruch

von Pia Werthmüller, Zofingen

Geschmack und Geruch sind Sinneswahrnehmungen des Menschen, die in früherer Zeit lebenswichtig waren. Sie gaben den Sammlerinnen und Jägern wichtige Hinweise auf Qualität und Genießbarkeit von Nahrungsmitteln. In der heutigen Zeit vertraut man mehr den Angaben auf der Verpackung. Beim Sammeln von aromatischen Bergkräutern können vergessene Fähigkeiten zum Erkennen von Geruch und Geschmack neu erlebt werden.

Unser Zunge kann vier Geschmacksrichtungen unterscheiden: süß, sauer, salzig und bitter.

Kombinationen und Ausgewogenheit

Von etwas Süßem braucht man, verglichen mit den anderen Geschmacksempfindungen, eine größere Menge, bis die Geschmacksknospen reagieren. Süße kann gut kombiniert werden mit Bitterkeit, Säure und eventuell auch mit Salzigkeit. Süße hebt den Geschmack anderer Zutaten hervor.

Salz ist der natürliche Geschmacksverstärker schlechthin. Er ist die wichtigste Zutat, um scharfe Speisen wohlschmeckend zu machen.

Säure ist ebenfalls ein Geschmacksverstärker. Eine leicht saure Note verleiht einem Gericht Spritzigkeit. Die Ausgewogenheit von Säure und anderen Geschmacksrichtungen ist ausschlaggebend für das Gelingen eines Gerichts.

Bittere Aromen werden in kleinsten Konzentrationen wahrgenommen. Bitterkeit gleicht die Süße aus und hilft, ein Gericht leicht zu machen. Ein Anteil Bitterkeit verleitet die meisten Menschen, noch mehr vom Gericht zu essen.

Schnittlauch *(Allium)*

Hornklee *(Lotus)*

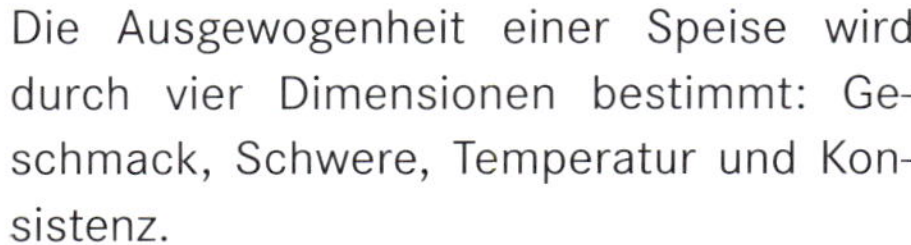

Die Ausgewogenheit einer Speise wird durch vier Dimensionen bestimmt: Geschmack, Schwere, Temperatur und Konsistenz.

Funktion des Geschmacksinns

Der Geschmackssinn dient nicht unserem Essvergnügen, sondern er ist die Prüfstelle, was wir unserem Magen-Darm-Trakt zuführen wollen. Schlucken oder Spucken? Sekundenschnell entscheidet der Geschmackssinn, ob etwas Essbares verträglich ist oder giftig.

Gute Geschmacksnoten sind salzig und süß, während bitter und sauer negativ belastete Geschmacksnoten sind. Bevor wir etwas schlucken, sollten wir über das Kauen eine Schnelluntersuchung vornehmen. Ist die Nahrung salzig, süß oder proteinlastig, können wir sie beruhigt schlucken. Ist die Nahrung sauer, kann das bedeuten, dass sie unreif oder gar faulig ist. Wenn die Nahrung bitter ist, so kann sie pflanzliche Giftstoffe enthalten.

Schmecken und Riechen

Das Riechen bestimmt auch das Schmecken, da alle Aromen der Speisen als Erstes mit der Nase wahrgenommen werden. Ohne Nase schmeckt alles fast gleich. Die Feinheiten des Essens gehen verloren.

Schmecken ist ein umfassendes Erlebnis, das mit dem ersten Blick beginnt und sich gleichzeitig im Mund und in der Nase und schlussendlich im Gehirn abspielt. Die Kombination verschiedener Aromen, zum Beispiel Pfeffer und Erdbeere, können den Geschmack verstärken. So kann eine Prise Zucker in der Kartoffelsuppe einen Kartoffel-Geschmack verstärken. Selbst die Umgebung, die gute Stimmung und die nette Gesellschaft tragen zum Genuss bei.

Mais-Linsen-Suppe

Klatschnelke *(Silene)*

Kochen mit Bergkräutern

Bevor die einzelnen Rezepte auf den folgenden Seiten präsentiert werden, gibt es hier noch ein paar allgemeine Ratschläge für die Zubereitung von Gerichten mit Bergkräutern.

Kräuter kennen: Bevor man Bergkräuter in der Küche verwenden kann, muss man sie kennen und in der Natur finden. Dazu gibt es Tipps und Anregungen auf S. 19.

Kräuter vorbereiten: Sind die Kräuter gesammelt und ist man an dem Ort, wo man kochen möchte, wird das Sammelgut auf einem sauberen Tisch oder beim Campieren auf einer geeigneten Unterlage einzeln auf Haushaltspapier ausgelegt. Nun werden die Kräuter nochmals genau angeschaut. Fremde Pflanzenteile, nicht (mehr) bekannte Kräuter und schlechte Pflanzenteile werden sorgfältig aussortiert.

Rezept durchlesen: Nun wird das Rezept, das man zubereiten möchte, genau durchgelesen. Auf jeder Rezeptseite findet sich unten eine Liste der für das jeweilige Rezept geeigneten Kräuter. Aus dem eigenen Sammelgut werden die entsprechenden Pflanzen entnommen und die jeweiligen Pflanzenteile (Blätter, Blüten, Triebe oder Früchte) vorbereitet. Eventuell werden diese klein geschnitten. Das sollte man erst kurz vor dem Verwenden machen, da die Inhaltsstoffe, vor allem die Aromen, sonst reduziert werden.

Kräuter auswählen: Aus den gesammelten Kräutern werden diejenigen ausgewählt, die man für das Rezept verwenden möchte. Folgende Regeln sollten dabei beachtet werden:

- Kräuter aus den verschiedenen Geschmacksrichtungen (jeweils beim Rezept in der Tabelle aufgeführt) können kombiniert werden. Kräuter aus den Kategorien «bitter» und «sauer» sollten jeweils nicht in zu großen Mengen verwendet werden, da sie sonst im Gericht zu dominant werden können.

Saucisson im Brotteig

Habichtskraut *(Hieracium)*

- Die Kräuter sind nicht als Hauptspeise zu betrachten, sondern eher als Würzbeigabe. Es sollten deshalb nur kleine Mengen verwendet werden. Bei der Zubereitung wird vorerst nur etwa die Hälfte der vorbereiteten Kräuter beigegeben. Dann probiert man das Gericht und kann, wenn nötig, noch einige Kräuter dazugeben. Ein Teil der Kräuter kann zudem als Dekoration oder als Beigabe zum Gericht verwendet werden.
- Mischt man verschiedene Kräuter zusammen, wird nicht die ganze vorbereitete Menge verwendet. Einen Teil der jeweiligen Kräuter legt man beiseite, damit sie später noch zum «Nachwürzen» verwendet werden können.
- Je nach Jahreszeit, Höhenlage, Standort und Alter der Kräuter sind diese mehr oder weniger stark im Geschmack.

Kräuter kochen oder nicht? Die meisten Kräuter sind relativ empfindlich auf Wärme und sollten auf keinen Fall länger (mit) gekocht werden. Sie werden erst ganz am Schluss dem Gericht beigefügt und wenige Minuten mitgekocht. Als Faustregel gilt: Je feiner das Kräutlein, desto weniger lange wird es mitgekocht.

Als Dekoration können rohe Kräuter den fertigen Gerichten beigefügt werden. Hierzu eigenen sich insbesondere die Blüten.

Bei bitteren Kräutern und eher älteren Pflanzen empfiehlt es sich, diese vor der Beigabe zu den Hauptzutaten kurz in etwas Wasser zu blanchieren.

Andere Gewürze verwenden: Es ist sehr schade, das Aroma der Bergkräuter durch die Zugabe anderer Gewürze, wie beispielsweise Speisewürze, Sojasauce oder Curry, zu ergänzen. Die Wildkräuter haben eine eigene «Aromasprache» und würden durch die «normalen» Gewürze konkurriert oder sogar übertönt. Wagen Sie den Versuch, auf die üblichen Gewürze zu verzichten!

Der Fantasie freien Lauf lassen: Die Rezepte sind bewusst nicht so konzipiert, dass nur *ein* Bergkraut mit genauer Mengenangabe vorgegeben wird. Vielmehr wird

Panna cotta

Weidenröschen *(Epilobium)*

bei jedem Rezept eine Liste möglicher Kräuter aufgeführt, aus denen beliebig ausgewählt werden kann. Mit etwas Mut kann auch mit weiteren Kräutern «experimentiert» werden. Bedingung ist natürlich immer, dass man die Kräuter kennt und findet.

Mengenangaben: Die Menge der verwendeten Bergkräuter wird jeweils mit «Handvoll» angegeben. Je nach Größe der Hand und Art der Pflanzen sind das im Normalfall rund 8–10 Gramm frische Kräuter. Diese Mengenangabe ist bezieht sich auf die ungewaschenen und ungezupften Kräuter.

Am besten legt man einige Kräuter als Reserve beiseite, die dann dem Gericht zum Schluss beigefügt werden können.

Abkürzungen	
°C	Grad Celsius
dl	Deziliter
EL	Esslöffel
evtl.	eventuell
g	Gramm
l	Liter
Min.	Minuten
mind.	mindestens
ml	Milliliter
mm	Millimeter
Msp.	Messerspitze
Std.	Stunden
TL	Teelöffel

Icons:

 Wuchshöhe

 Größe und Blütezeit

 Vorkommen, Verbreitung

REZEPTE

KLEINE VORSPEISEN

Zutaten für ca. 20 Stück
Zubereitungszeit: 30 Minuten

Wilde Crostini

Guter Heinrich *(Chenopodium)*

1 Frühlingszwiebel	klein schneiden, inklusive grünem Stängel
1 EL Butter oder Bratbutter	in einer Pfanne erwärmen, Zwiebel andünsten. Mit Deckel schließen, damit die Feuchtigkeit in der Pfanne bleibt.
1 Karotte oder 1 Zucchini	mit der Röstiraffel raffeln und ebenfalls andünsten
3–4 mittlere Blätter Spinat	(oder Guten Heinrich) klein schneiden und kurz mitdünsten
2 Handvoll Kräuter	fein schneiden und dazugeben
Salz, Pfeffer	abschmecken
1 Ei	verquirlen
100 g Gruyère-Käse	(oder anderen Käse) mit der Röstiraffel grob raffeln, dazugeben
1–2 EL Crème fraîche	gut verrühren und daruntermischen
Muskatnuss, Paprika	abschmecken
1–2 Baguettes	in Scheiben schneiden, mit der Masse bestreichen und auf mit Backpapier belegtes Backblech legen
	Bei 220 °C in der Ofenmitte ca. 10 Min. backen, heiß servieren.

TIPP Anstelle von Baguette können auch andere Brote verwendet werden.

Kräuter	Seite	Geschmack					Verwendete Teile			
		würzig	scharf	süß	bitter	sauer	Blätter	Blüten (-knospen)	Junge Triebe	Früchte
Schnittlauch	105	●	●				●	●		
Gänsekresse	109	●	●				●		●	
Guter Heinrich, Gänsefuß	126				●		●		●	●
Habichtskraut	142	●			●		●	●		
Hufeisenklee	145	●		●			●	●	●	
Laserkraut	150	●			●		●	●		●
Milchkraut	153	●			●		●	●		
Dost	162	●	●		●		●	●	●	
Thymian	199	●	●		●		●	●	●	

Zutaten für 20–25 Stück
Zubereitungszeit: 40 Minuten

Kräuter-Kracher

Steinquendel *(Acinos)*

250 g Mehl	Halbweißmehl oder helles Dinkelmehl
¾ TL Salz, ½ TL Backpulver	mit dem Mehl in einer Schüssel mischen
3 Handvoll Kräuter	waschen, gut trocknen, fein schneiden, dazugeben
2 Eier, 2 EL Milch	gut verrühren
3 EL Olivenöl	dazugeben
2 EL Sesamsamen	geröstet dazugeben

Alles mit einer Kelle zusammenfügen. Auf ein wenig Mehl den Teig geschmeidig kneten. Teig zu einer Kugel formen, etwas flach drücken und mind. 30 Min. kühl stellen.

Teig auf wenig Mehl 2 mm dick auswallen und mit rundem Ausstecher von 5–6 cm Durchmesser ausstechen. Rondellen mit genügend Abstand auf zwei mit Backpapier belegte Backbleche legen und dicht mit einer Gabel einstechen.

Nacheinander je 15–20 Min. in der Mitte des auf 180 °C vorgeheizten Ofens backen und auf einem Gitter auskühlen. Im Heißluft- oder Umluftofen können beide Backbleche gleichzeitig gebacken werden.

TIPP Die Kräuter-Kracher sind in einer gut verschlossenen Dose kühl gelagert rund eine Woche haltbar. Sie können mit Frischkäse oder Kräuterquark bestrichen oder auch nature serviert werden.

		Geschmack					Verwendete Teile			
Kräuter	Seite	würzig	scharf	süß	bitter	sauer	Blätter	Blüten (-knospen)	Junge Triebe	Früchte
Steinquendel	99	●	●				●		●	
Schnittlauch	105	●	●				●	●		
Kümmel	123	●	●				●		●	●
Hornklee	159	●					●	●	●	
Dost	162	●	●		●		●	●	●	
Mauerpfeffer	191		●				●			
Thymian	199	●	●		●		●	●	●	

Zutaten für ca. 40 Stück
Zubereitungszeit: 20 Minuten

Schnelle Schnecken

Frauenmantel *(Alchemilla)*

2 große Eier	verquirlen
⅓ TL Salz, Pfeffer	mit Salz und Pfeffer abschmecken
100 g Alpkäse, 50 g Sbrinz	möglichst fein reiben
4 Handvoll Kräuter	waschen, trocken tupfen und fein geschnitten darunterziehen
1 Blätterteig oder Kuchenteig	ausgewallt, rechteckig, ca. 25 × 40 cm

Teig quer halbieren, Kräuterfüllung auf beiden Hälften gleichmäßig verteilen, längsseitig 2 cm Teig frei lassen und mit Wasser anfeuchten. Teig mit Füllung satt rollen und befeuchtetes Ende leicht andrücken. In Backpapier einpacken und 20–30 Min. kühl stellen.

Ca. 1 cm dicke Rondellen schneiden und mit genügend Abstand auf mit Backpapier belegtes Backblech legen. 15 Min. in der Mitte des vorgeheizten Ofens bei 200 °C goldbraun backen.

TIPP Ist die Kräuterfüllung zu trocken, können 1–2 EL Mascarpone oder Sauerrahm beigefügt werden. Die Schnecken können, 8–10 Min. vorgebacken, auch tiefgefroren werden.

		Geschmack					Verwendete Teile			
Kräuter	Seite	würzig	scharf	süß	bitter	sauer	Blätter	Blüten (-knospen)	Junge Triebe	Früchte
Schafgarbe	96	●	●		●		●	●	●	
Steinquendel	99	●	●				●		●	
Frauenmantel, Silbermantel	101				●		●	●	●	
Schnittlauch	105	●	●				●	●		
Liebstock	156	●					●	●	●	●
Dost	162	●	●		●		●	●	●	
Wiesenknopf	188	●			●		●	●	●	●
Mauerpfeffer	191		●				●			
Thymian	199	●	●		●		●	●	●	

Zutaten für 4 Personen
Menge für ein Backblech (ca. 35 cm)
Zubereitungszeit: 10 Minuten

Buchweizen-Waffeln

Wegerich *(Plantago)*

250 g geschroteter Buchweizen	in 3 dl kohlensäurehaltigem Wasser mind. 1 Std. einweichen
1 gehäufter TL Salz	dazugeben
150 g gehackte Nüsse	(Walnüsse, Cashewnüsse, Haselnüsse) daruntermischen
2 Handvoll Kräuter	grob schneiden und daruntermischen
	Masse so dünn wie möglich auf ein mit Backpapier belegtes Backblech streichen.
	Ca. 30 Min. bei 200 °C backen, am Ende der Backzeit häufig kontrollieren, da die Waffel schnell zu braun wird.
	Kurz auskühlen lassen, in mundgerechte Stücke brechen.

TIPP Anstelle von Buchweizenschrot kann auch Dinkelmehl verwendet werden. Eher kleinere Menge Mauerpfeffer und Kümmel nehmen, da ihr Geschmack durch das Erhitzen verstärkt wird. Kurz geröstete Wegerich-Samen können vor dem Servieren darübergestreut werden.

		Geschmack					Verwendete Teile			
Kräuter	Seite	würzig	scharf	süß	bitter	sauer	Blätter	Blüten	Junge Triebe	Früchte
Kümmel	123	●	●				●		●	●
Pippau	128				●		●	●		
Milchkraut	153	●			●		●	●		
Liebstock	156	●					●	●	●	●
Hornklee	159	●					●	●	●	
Dost	162	●	●		●		●	●	●	
Bibernelle	167		●	●	●		●	●	●	
Wegerich	170				●	●	●	●		●
Mauerpfeffer	191		●				●			

Zutaten für 4 Personen
Zubereitungszeit: 30 Minuten

Gala-Zungen

Glockenblume *(Campanula)*

150 g Mehl	in Schüssel geben
100 g Hafermehl	
50 g Haferflocken	
5 EL Olivenöl	
1 Prise Salz, 1 Ei	
1 Msp. Backpulver	beifügen und alles zu einem Teig kneten
	1 Std. kühl stellen und dann 0,5 cm dick auswallen.
	Rondellen von ca. 4 cm Durchmesser ausstechen (z. B. mit einem Glas) und mit dem Nudelholz in Zungenform wallen.
	5 Min. bei großer Hitze, dann 30 Min. bei reduzierter Hitze und die letzten 10 Min. bei abgestelltem Ofen backen, auskühlen lassen.

Frischkäse-Aufstrich

1 Handvoll Kräuter	sehr fein hacken
Frisch-, Hütten-, Ziegenkäse	gut mit dem Käse vermischen und kalt stellen
Salz, Pfeffer	abschmecken

TIPP Die Gala-Zungen können auch mit Hummus (Kichererbsenmus) oder kurz gedünstetem (Wild-)Gemüse bestrichen und dann mit Blüten verziert werden.

Kräuter	Seite	Geschmack					Verwendete Teile			
		würzig	scharf	süß	bitter	sauer	Blätter	Blüten (-knospen)	Junge Triebe	Früchte
Maßlieb(chen)	112				●	●	●	●		
Glockenblume	117			●	●		●	●	●	
Pippau	128				●		●	●		
Labkraut	134	●		❀	●		●	●	●	
Milchkraut	153	●			●		●	●		
Rapunzel	164	●	●	●		●	●	●	●	
Wiesenknopf	188	●			●		●	●	●	●
Leimkraut, Klatschnelke	193			●	●		●	●	●	

SUPPEN

Zutaten für 4 Personen
Zubereitungszeit: 20–30 Minuten

Kartoffelsuppe

Pippau *(Crepis)*

4 mehlige Kartoffeln	schälen und in Würfel schneiden, in
20 g Butter	andünsten, nicht braun werden lassen
1 l Hühnerbouillon	aufkochen und Kartoffeln dazugeben
	20 Min. köcheln lassen, bis die Kartoffeln weich sind, dann alles pürieren
180 g Sauerrahm	unterrühren
2–3 Handvoll Kräuter	in einem Sieb waschen, mit Küchenpapier trocken tupfen, fein schneiden, unter die Suppe geben, kurz sanft köcheln lassen
Salz, Pfeffer, Muskat	abschmecken

TIPP **Die Suppe kann mit einem Schuss weißem Wermut verfeinert werden. Anstelle von Kartoffeln können auch Karotten oder Rote Rüben verwendet werden.**

		Geschmack					Verwendete Teile			
Kräuter	Seite	würzig	scharf	süß	bitter	sauer	Blätter	Blüten (-knospen)	Junge Triebe	Früchte
Schnittlauch	105	●	●				●	●		
Kümmel	123	●	●				●		●	●
Guter Heinrich, Gänsefuß	126				●		●		●	●
Pippau	128				●		●	●		
Weidenröschen	131			❀		●	●	●	●	
Labkraut	134	●		❀	●		●	●	●	
Milchkraut	153	●			●		●	●		
Wegerich	170				●	●	●	●		●
Ampfer	185				●	●	●		●	●

Zutaten für 4 Personen
Zubereitungszeit: 30–40 Minuten

Gemüsesuppe

Gänsekresse *(Arabis)*

1,2 l Rindsbouillon	aufkochen
4 Handvoll verschiedene Gemüse	(z. B. Karotten, Kartoffeln, Lauch, Sellerie, Kohl, Bohnen, Erbsen) putzen, in mundgerechte Stücke schneiden und je nach Garzeit in kochende Brühe geben

Kräuter-Grieß-Makronen

3 dl Wasser	aufkochen
1 Prise Salz	dazugeben
4 EL Hartweizengrieß	einrühren, unter ständigem Rühren 10 Min. köcheln lassen
1 TL Butter, 1 Prise Salz	dazugeben, vom Herd nehmen, leicht abkühlen lassen
2–3 Handvoll Kräuter	waschen, trocken tupfen, fein schneiden
	Kräuter in lauwarme Hartweizengrießmasse einrühren, mit 2 Teelöffeln Makronen formen, auf eine eingefettete Unterlage geben und auskühlen lassen. Grieß-Kräuter-Makronen auf die heiße Gemüsesuppe geben, kurz ziehen lassen und servieren.

TIPP Die Suppe kann nach Walliser Art mit Walliser Trockenfleisch und/oder Walliser Rohschinken (jeweils fein geschnitten) und 1 dl Weißwein angereichert werden. Dazu wird Alpkäse und Brot gereicht. Die Kräuter-Grieß-Makronen können auch als Salatbeilage genutzt werden.

Kräuter	Seite	Geschmack					Verwendete Teile			
		würzig	scharf	süß	bitter	sauer	Blätter	Blüten (-knospen)	Junge Triebe	Früchte
Schafgarbe	96	●	●		●		●	●	●	
Gänsekresse	109	●	●				●		●	
Nelkenwurz	139	●			●		●	●		
Dost	162	●	●		●		●	●	●	
Bibernelle	167		●	✿	●		●	●		●
Klee	202			✿	●	●	●	●	●	
Veilchen, Stiefmütterchen	205			●			●	●	●	

Zutaten für 4 Personen
Zubereitungszeit: 30–40 Minuten

Mais-Linsen-Suppe

Laserkraut *(Laserpitium)*

1,2 l Gemüse- oder Fleischbrühe	aufkochen
3 EL grober Mais	Mais und Linsen unter Rühren in die Brühe geben
3 EL grüne Linsen	20 Min. köcheln lassen
1 große Zwiebel	grob hacken
2 Knoblauchzehen	in Scheiben schneiden
1 mittlere Zucchini	Zucchini und Peperoni in kleine Würfel schneiden
½ Peperoni (Paprika)	
wenig Olivenöl	in einem Topf erhitzen, Gemüse dazugeben und scharf anbraten
2 EL Tomatenmark	dazugeben
	Gekochte Mais-Linsen-Brühe dazugeben, alles gut verrühren.
1–2 Handvoll Kräuter	in einem Sieb waschen, mit Küchenpapier trocken tupfen, fein schneiden, dazugeben
12 Cherry-Tomaten	halbieren, dazugeben
Salz, Pfeffer, Paprika	abschmecken

TIPP Die Suppe kann mit gebratenen/pochierten Hühnerstreifen und/oder Fetakäse-Würfeln angereichert werden.

		Geschmack					Verwendete Teile			
Kräuter	Seite	würzig	scharf	süß	bitter	sauer	Blätter	Blüten (-knospen)	Junge Triebe	Früchte
Steinquendel	99	●	●				●		●	
Schnittlauch	105	●	●				●	●		
Wundklee	106				●	●		●	●	
Storchenschnabel	137	●			●		●	●	●	
Laserkraut	150	●			●		●	●		●
Dost	162	●	●		●		●	●	●	
Wiesenknopf	188	●			●		●	●	●	●
Thymian	199	●	●		●		●	●	●	

Zutaten für 4 Personen
Zubereitungszeit: 30–40 Minuten

Sellerie-Apfel-Suppe

Hufeisenklee *(Hippocrepis)*

1 mittelgroße Sellerieknolle	schälen und in Stücke schneiden
1 großer, säuerlicher Apfel	schälen und in Stücke schneiden, in
30 g Kokosfett	(oder in anderem Fettstoff) kurz andünsten
1 l Gemüsebrühe	dazugeben
2,5 dl Apfelsaft	ebenfalls dazugeben und 20 Min. köcheln lassen, dann alles pürieren
1–2 Handvoll Kräuter	in einem Sieb waschen, mit Küchenpapier trocken tupfen Blätter fein schneiden, Blüten ganz belassen. Geschnittene Kräuter in die Suppe geben.
Salz, Pfeffer	abschmecken, evtl. etwas Zitronengras zugeben

TIPP Als Beilage können Pinienkerne, Nüsse, Feigen, Cranberrys, Weinbeeren gereicht werden. Diese vegane Suppe kann auch kalt serviert werden.

		Geschmack					Verwendete Teile			
Kräuter	Seite	würzig	scharf	süß	bitter	sauer	Blätter	Blüten (-knospen)	Junge Triebe	Früchte
Schafgarbe	96	●	●		●		●	●	●	
Steinquendel	99	●	●				●		●	
Glockenblume	117			●	●		●	●	●	
Hufeisenklee	145	●		●			●	●	●	
Hornklee	159	●					●	●	●	
Dost	162	●	●		●		●	●	●	
Klee	202			❀	●	●	●	●	●	

Zutaten für 4 Personen
Zubereitungszeit: 20–30 Minuten

Süßliche Brotsuppe

Wundklee *(Anthyllis)*

150 g helles Brot	in Würfel schneiden, in eine Pfanne geben
1,2 l Wasser	zum Brot geben, 10 Min. ziehen lassen, anschließend 15 Min. auf niedriger Garstufe simmern lassen
20 g Butter, 1 Prise Salz	in die Suppe geben
2 Eier	in Schüssel verquirlen, 1 Kelle heiße Suppe einrühren, dann der Suppe beigeben, bis vor den Siedepunkt erwärmen
2–3 Handvoll Kräuter	in einem Sieb waschen, mit Küchenpapier trocken tupfen Blätter fein schneiden, Blüten teils schneiden, teils ganz belassen. Geschnittene Kräuter in die Suppe geben.
Waldbeeren, Nüsse, Schokoladenwürfel	nach Geschmack und Wahl dazugeben

TIPP Die Brotsuppe kann auch scharf-würzig zubereitet werden. Für die Kräuter orientiere man sich an der Mais-Linsen-Suppe (S. 43). Als Beilage kann man geröstete Zwiebeln dazugeben. Die Suppe kann warm oder kalt serviert werden.

		Geschmack					Verwendete Teile			
Kräuter	Seite	würzig	scharf	süß	bitter	sauer	Blätter	Blüten (-knospen)	Junge Triebe	Früchte
Wundklee	106				●	●		●	●	
Maßlieb(chen)	112				●	●	●	●		
Glockenblume	117			●	●		●	●	●	
Storchenschnabel	137	●			●		●	●	●	
Nelkenwurz	139	●			●		●	●		
Hufeisenklee	145	●		●			●	●	●	
Klee	202			❀	●	●	●	●	●	
Veilchen, Stiefmütterchen	205			●			●	●	●	

SALATE

Zutaten für 4 Personen
Zubereitungszeit: 20–30 Minuten

Blattsalat

Schaumkraut *(Cardamine)*

3–4 Handvoll Wildkräuter	waschen und gut abtropfen
3–4 Handvoll Saisonsalat	(je nach Monat: Zuckerhut, Nüsslisalat (Feldsalat), Grumolo/ Verona (Radicchio-Sorten), Rucola, Melde, Lattich usw.) waschen, in mundgerechte Stücke verkleinern
6 EL Öl	(Oliven-, Sesam-, Lein-, Kürbiskern-Öl)
4 EL Essig	Balsamico (je älter, je lieber)
1 TL körniger Senf	
Salz, schwarzer Pfeffer	
1 kleine Zwiebel/Schalotte	fein hacken
	Alles zu einer Salatsauce verquirlen. Vor allem die Wintersalate einige Min. mit der Sauce vermengt ziehen lassen.
Nüsse	(Walnuss-, Kürbiskerne, Hanfsamen usw.) zum Garnieren

TIPP Je nach Saison verschiedene Blüten zur Dekoration verwenden: Veilchen, Taubnessel, Glockenblume. Eine allfällig bittere Note kann mit fein geraffelten Karotten, Roten Rüben oder mit Avocadostücken abgemildert werden.

Kräuter	Seite	Geschmack					Verwendete Teile			
		würzig	scharf	süß	bitter	sauer	Blätter	Blüten (-knospen)	Junge Triebe	Früchte
Schafgarbe	96	●	●		●		●	●	●	
Schaumkraut	120		●		●		●		●	
Weidenröschen	131			✿		●	●	●	●	
Labkraut	134	●		✿	●		●	●	●	
Storchenschnabel	137	●			●		●	●	●	
Hornklee	159	●					●	●	●	
Knöterich	173					●	●	●		●
Ampfer	185				●	●	●		●	●
Leimkraut, Klatsch-nelke	193			●	●		●	●	●	

Zutaten für 4 Personen
Zubereitungszeit: 30 Minuten

Karottensalat

Hornklee *(Lotus)*

500 g Karotten	waschen, schälen
	roh:
Karotten	fein raffeln
weißer Balsamico, Zitrone	
Senf, Honig, Salz, Pfeffer	zu einer Sauce vermischen und Karotten damit abschmecken
1–2 Handvoll Kräuter	fein schneiden, dazugeben und mit Blüten dekorieren
	gekocht:
Karotten	in Salzwasser garkochen, in mundgerechte Stücke schneiden
wenig Olivenöl	
2 Handvoll Kräuter	dünsten, Blüten zum Dokorieren verwenden
Sauce (siehe oben)	abschmecken und etwas ziehen lassen

TIPP Zum Karottensalat mit Kräutern können auch Kefen (Zuckererbsen) oder Erbsen serviert werden.

Kräuter	Seite	Geschmack					Verwendete Teile			
		würzig	scharf	süß	bitter	sauer	Blätter	Blüten (-knospen)	Junge Triebe	Früchte
Schafgarbe	96	●	●		●		●	●	●	
Steinquendel	99	●	●				●		●	
Wundklee	106				●	●		●	●	
Glockenblume	117			●	●		●	●	●	
Hornklee	159	●					●	●	●	
Rapunzel	164	●	●	●		●	●	●	●	
Ampfer	185				●	●	●		●	●
Leimkraut, Klatschnelke	193			●	●		●	●	●	

Zutaten für 4 Personen
Zubereitungszeit: 40 Minuten

Kartoffelsalat

Weidenröschen *(Epilobium)*

800 g festkochende Kartoffeln	schälen, in gewünschte Größe schneiden, im Salzwasser (z. B. mit Kräutern) kochen
6 EL Raps-/Sonnenblumenöl	
4 EL weißer Balsamico	gut vermischen
Senf, Pfeffer	würzen
wer's mag: Mayonnaise	darunterrühren
1 große Zwiebel	fein hacken, beigeben
1 Knoblauchzehe	fein hacken, beigeben
	Die noch heißen Kartoffeln gut abtropfen, dazugeben, vermengen
1–2 Handvoll Kräuter	fein schneiden, Blütenknospen evtl. kurz in Öl anbraten, beigeben und/oder in Essig eingelegtes, knackig-buntes Wildgemüse
	Mind. 30 Min. ziehen und auskühlen lassen.

TIPP Auch lecker mit kurz blanchiertem Wildgemüse wie Labkraut, Gutem Heinrich oder Leimkrautknospen. Für Hartgesottene: Zwei Eier fein schneiden, beigeben. Gekühlt 1–2 Tage haltbar, das Optische wird jedoch leiden.

		Geschmack					Verwendete Teile			
Kräuter	Seite	würzig	scharf	süß	bitter	sauer	Blätter	Blüten (-knospen)	Junge Triebe	Früchte
Steinquendel	99	●	●				●		●	
Gänsekresse	109	●	●				●		●	
Weidenröschen	131			✿		●	●	●	●	
Nelkenwurz	139	●			●		●	●		
Liebstock	156	●					●	●	●	●
Bibernelle	167		●	✿	●		●	●		●
Brunelle	179	●			●		●	●	●	
Ampfer	185				●	●	●		●	●
Wiesenknopf	188	●			●		●	●	●	●

Zutaten für 4 Personen
Zubereitungszeit: 30 Minuten (ohne Kochzeit)

Rote-Rüben-Salat

Taubnessel *(Lamium)*

	gekocht:
4 mittlere Rote Rüben	schälen, in mundgerechte Stücke schneiden
	In der gedeckten Bratpfanne ca. 15–20 Min. garen (so wird der Saftverlust vermieden).
	roh:
4 mittlere Rote Rüben	fein raffeln
1 Karotte, 1 Boskop-Apfel	fein raffeln
Öl, Essig, Salz, Pfeffer	abschmecken
2 Handvoll Kräuter	fein schneiden
1–2 Zwiebeln	fein hacken und mit dem Rest vermengen

TIPP Der Rote-Rüben-Salat kann mit Nüssen (Walnuss-, Haselnuss-, Pinienkernen) ergänzt werden.

Kräuter	Seite	Geschmack					Verwendete Teile			
		würzig	scharf	süß	bitter	sauer	Blätter	Blüten (-knospen)	Junge Triebe	Früchte
Gänsekresse	109	●	●				●		●	
Schaumkraut	120		●		●		●		●	
Kümmel	123	●	●				●		●	●
Taubnessel	147	●		❀		●	●	●	●	
Laserkraut	150	●			●		●	●		●
Wegerich	170				●	●	●	●		●
Brunelle	179	●			●		●	●	●	
Himbeere, Steinbeere	182	●			●	●	●		●	●

Zutaten für 4 Personen
Zubereitungszeit: 30 Minuten

Selleriesalat

Ampfer *(Rumex)*

3 mittlere Sellerieknollen	waschen, schälen
	roh:
Sellerieknollen	fein raffeln
Zitrone, Rahm, Salz	verfeinern
1–2 Handvoll Kräuter	fein geschnitten dazugeben und damit dekorieren
	gebraten:
Sellerieknollen	in regelmäßige, 5 mm dicke Scheiben schneiden In Öl braten, bis sie weich und goldig sind.
1–2 Handvoll Kräuter	waschen, fein schneiden
150–200 g Frischkäse	mischen, kalt oder warm servieren

TIPP Allergiker sollten großen Wert auf biologischen Anbau legen, gegebenenfalls auf den Verzehr von Sellerie verzichten. Ein Klassiker ist lauwarmer Siedfleisch-Salat (Suppenfleisch-Salat) mit Sellerie, Karotten, Wildkräutern und Meerrettich.

		Geschmack					Verwendete Teile			
Kräuter	Seite	würzig	scharf	süß	bitter	sauer	Blätter	Blüten (-knospen)	Junge Triebe	Früchte
Steinquendel	99	●	●				●		●	
Glockenblume	117			●	●		●	●	●	
Weidenröschen	131			❀		●	●	●	●	
Hornklee	159	●					●	●	●	
Ampfer	185				●	●	●		●	●
Mauerpfeffer	191		●				●			
Leimkraut, Klatschnelke	193			●	●		●	●	●	
Thymian	199	●	●		●		●	●	●	

NUDEL-/ GETREIDE- GERICHTE

Zutaten für 4 Personen
Zubereitungszeit: 20–30 Minuten

Spaghetti mit Feta

Wiesenknopf *(Sanguisorba)*

400 g Spaghetti	im Salzwasser al dente kochen und gut abtropfen
1 Knoblauchzehe	fein schneiden
1 Chilischote	längs halbieren, entkernen, feine Streifen schneiden
50 g Butter	beides in der Butter andünsten
300 g Spinat	(oder Guter Heinrich oder je hälftig Spinat/Guter Heinrich)
4–5 Handvoll Kräuter	Blätter/Blüten abzupfen, gewünschte Menge in einem Sieb waschen, mit Küchenpapier trocken tupfen, Blätter fein schneiden, Blüten ganz belassen, mit Obigem kurz mitdünsten
½ Zitrone	abgeriebene Schale
Salz, Pfeffer, Paprika	würzen, Spaghetti mit allen Zutaten vermischen
200 g Fetakäse	würfeln, unter die Spaghetti mischen

TIPP Anstelle von Fetakäse kann auch Pecoretta-Käse verwendet werden. Achtung: Nur wenige Schafgarbenblätter verwenden (bitter).

Kräuter	Seite	Geschmack					Verwendete Teile			
		würzig	scharf	süß	bitter	sauer	Blätter	Blüten (-knospen)	Junge Triebe	Früchte
Schafgarbe	96	●	●		●		●			
Storchenschnabel	137							●		
Hufeisenklee	145	●						●		
Rapunzel	164	●	●	●		●		●		
Bibernelle	167				●			●		
Wiesenknopf	188	●		●			●	●		
Mauerpfeffer	191		●				●	●		
Thymian	199	●					●	●		

Zutaten für 4 Personen
Zubereitungszeit: 60 Minuten

Pilz-Lasagne

Dost *(Origanum)*

4–5 Handvoll Kräuter	waschen, fein schneiden
200 g Spinat	frisch oder tiefgefroren
1 Handvoll Dost	fein schneiden
500 g Ricotta	
4 EL Halbrahm	mit den gehackten Zutaten mischen
1 Knoblauchzehe	fein schneiden
1 EL Olivenöl, 1 Schalotte	fein hacken und andünsten
250 g frische Pilze	mitdünsten
1 Büchse gehackte Tomaten	
Salz, Pfeffer	abschmecken
1 Paket Nudelteig	lagenweise in Auflaufform schichten, mit der Sauce beginnen
250 g Mascarpone	
100 g Reibkäse	
½ dl Halbrahm	mischen und als oberste Schicht auf die Lasagne streichen. Mit etwas Reibkäse bestreuen und ca. 35 Min. bei 180 °C backen.

TIPP Anstelle von Nudelteig können vorgekochte Lasagne-Blätter verwendet werden. Nur wenig Schafgarbenblätter verwenden (bitter).

Kräuter	Seite	Geschmack					Verwendete Teile			
		würzig	scharf	süß	bitter	sauer	Blätter	Blüten (-knospen)	Junge Triebe	Früchte
Schafgarbe	96	●	●		●		●	●	●	
Steinquendel	99	●	●				●		●	
Dost	162	●	●		●		●	●	●	
Bibernelle	167		●	❀	●		●	●		●
Brunelle	179	●			●		●	●	●	
Wiesenknopf	188	●			●		●	●	●	●
Mauerpfeffer	191		●				●			
Thymian	199	●	●		●		●	●	●	

Zutaten für 4 Personen
Zubereitungszeit: 60 Minuten

Gnocchi mit Tomaten

Labkraut *(Galium)*

400 g Ricotta, 4 Eier	
100 g Reibkäse	alles gut verrühren
5 EL Grieß	
125 g Mehl	gut daruntermischen
Salz, Pfeffer, Muskat	würzen
1 Handvoll Kräuter	fein schneiden und dazugeben, den Teig vorquellen lassen
750 g Cherry-Tomaten	in einer beschichteten Pfanne karamellisieren,
1 EL Puderzucker	bis die Tomaten aufplatzen
wenig Öl	dazu verwenden
Salz, Pfeffer	würzen
2 l Wasser	kurz vor das Sieden bringen und dann mit 2 Teelöffeln Klöße formen und im Wasser ziehen lassen. Wenn sie obenauf schwimmen, mit Schaumkelle herausheben und gut abtropfen. Mit den Tomaten anrichten.

TIPP Eventuell mehr Mehl beifügen, wenn die Gnocchi zu feucht sind. Es können auch Rollen geformt und Gnocchi abgeschnitten werden.

		Geschmack					Verwendete Teile			
Kräuter	Seite	würzig	scharf	süß	bitter	sauer	Blätter	Blüten (-knospen)	Junge Triebe	Früchte
Schafgarbe	96	●	●		●		●	●	●	
Kümmel	123	●	●				●		●	●
Weidenröschen	131			❀		●	●	●	●	
Labkraut	134	●		❀	●		●	●	●	
Hornklee	159	●					●	●	●	
Dost	162	●	●		●		●	●	●	
Bibernelle	167		●	❀	●		●	●		●
Wiesenknopf	188	●			●		●	●	●	●
Thymian	199	●	●		●		●	●	●	

Zutaten für 4 Personen
Zubereitungszeit: 30–40 Minuten

Getreide-Bratlinge

Rapunzel *(Phyteuma)*

140 g Haferflocken	
1 EL Kürbiskerne	
1 EL Sonnenblumenkerne	hacken
250 g Hüttenkäse	alles miteinander verrühren
Salz, Pfeffer, Muskat	würzen
3 Eier	gut daruntermischen
4 EL Halbrahm	ebenfalls daruntermischen
1 Zwiebel	
1 Knoblauchzehe	beides fein hacken und dazugeben
2 Handvoll Kräuter	schneiden und dazugeben
	8–12 Bratlinge formen
wenig Öl	in einer beschichteten Pfanne beidseitig goldbraun braten

TIPP Anstelle von Haferflocken können 150 g gekochte Hirse, Quinoa oder Buchweizen oder 250 g gekochte gelbe Linsen verwendet werden. Dieses Rezept verträgt stark würzende Kräuter wie Schafgarbe und Thymian gut. Kann mit einem Karotten- oder Blattsalat serviert werden.

		Geschmack					Verwendete Teile			
Kräuter	Seite	würzig	scharf	süß	bitter	sauer	Blätter	Blüten (-knospen)	Junge Triebe	Früchte
Schafgarbe	96	●	●		●		●	●	●	
Steinquendel	99	●	●				●		●	
Kümmel	123	●	●				●		●	●
Dost	162	●	●		●		●	●	●	
Rapunzel	164	●	●	●		●	●	●	●	
Bibernelle	167		●	❀	●		●	●		●
Wiesenknopf	188	●			●		●	●	●	●
Mauerpfeffer	191		●				●			
Thymian	199	●	●		●		●	●	●	

Zutaten für 4 Personen
Zubereitungszeit: 30 Minuten

Risotto

Bibernelle *(Pimpinella)*

250 g Risotto-Reis	
2 Schalotten	fein hacken
wenig Olivenöl	beides zusammen andünsten
2 dl Weißwein	ablöschen, einkochen lassen
5 dl Bouillon	beifügen, 20 Min. garen
1 Handvoll Kräuter	fein schneiden und die letzten 10 Min. mitkochen
2 EL Crème fraîche	unter den Reis ziehen
½ Zitrone	Schale abreiben
300 g frische Pilze	grob schneiden, in
1–2 EL Olivenöl	andünsten und auf den Risotto geben
Hobelkäse	darüberhobeln
Blüten gemischt	darüberstreuen

TIPP Anstelle von Crème fraîche kann auch Gorgonzola, Mascarpone oder Ziegenfrischkäse verwendet werden. Anstelle von Hobelkäse kann auch Reibkäse beigefügt werden.

		Geschmack					Verwendete Teile			
Kräuter	Seite	würzig	scharf	süß	bitter	sauer	Blätter	Blüten (-knospen)	Junge Triebe	Früchte
Schafgarbe	96	●	●		●		●	●	●	
Storchenschnabel	137	●			●		●	●	●	
Hufeisenklee	145	●		●			●	●	●	
Bibernelle	167		●	❀	●		●	●		●
Wiesenknopf	188	●			●		●	●	●	●
Mauerpfeffer	191		●				●			
Thymian	199	●	●		●		●	●	●	
Klee	202			❀	●	●	●	●	●	

FLEISCH-GERICHTE

Zutaten für 4 Personen
Zubereitungszeit: 40 Minuten

Hackfleisch-bällchen

Schafgarbe *(Achillea)*

2–3 Handvoll Schafgarbe (Blätter und Blüten) in einem Sieb waschen, mit Küchenpapier trocken tupfen, fein schneiden

2 Schalotten
1 Knoblauchzehe hacken und zusammen andünsten, auskühlen lassen
600 g Rindshackfleisch mit Schafgarbe, Schalotten und Knoblauch mischen
Salz, Pfeffer abschmecken
Öl Masse zu Bällchen formen und in Öl anbraten

Sauce

1 Schalotte
2 Knoblauchzehen hacken und zusammen andünsten
2 Karotten
100 g Stangensellerie würfeln und einige Min. mitdünsten
2 dl Rotwein ablöschen und etwas einkochen
1 Handvoll Kräuter dazugeben und mitdünsten
2 dl Kalbsfond dazugeben
Salz, Pfeffer abschmecken, evtl. mit Maisstärke etwas abbinden

TIPP Anstelle von Kalbsfond kann auch Bouillon verwendet werden.

		Geschmack					Verwendete Teile			
Kräuter	Seite	würzig	scharf	süß	bitter	sauer	Blätter	Blüten (-knospen)	Junge Triebe	Früchte
Schafgarbe	96	●	●		●		●	●	●	
Schnittlauch	105	●	●				●	●		
Liebstock	156	●					●	●	●	●
Brunelle	179	●			●		●	●	●	
Thymian	199	●	●		●		●	●	●	
Klee	202			❀	●	●	●	●	●	

Zutaten für 4 Personen
Zubereitungszeit: 30 Minuten

Geschnetzeltes mit Kräutern

Mauerpfeffer *(Sedum)*

700 g Kalbsgeschnetzeltes	
wenig Bratbutter	sautieren, dann aus der Pfanne nehmen
Butter	in die Pfanne geben
1 Schalotte	fein gehackt dazugeben und glasig werden lassen
2 dl Fendant	abschmecken und reduzieren
2 dl brauner Kalbsfond	
1 dl Rahm	beigeben
2 Handvoll Kräuter	fein schneiden und dazugeben
etwas Mehlbutter	binden
Salz, Pfeffer, Zitronensaft	abschmecken
	Kalbsgeschnetzeltes in die Sauce geben, erwärmen (nicht kochen) und servieren.

TIPP Das Geschnetzelte wird mit einer knusprigen Rösti, breiten Nudeln oder auf Reis serviert.

Kräuter	Seite	Geschmack					Verwendete Teile			
		würzig	scharf	süß	bitter	sauer	Blätter	Blüten (-knospen)	Junge Triebe	Früchte
Steinquendel	99	●	●				●		●	
Frauenmantel, Silbermantel	101				●		●	●	●	
Schaumkraut	120		●		●		●		●	
Dost	162	●	●		●		●	●	●	
Wiesenknopf	188	●			●		●	●	●	●
Mauerpfeffer	191		●				●			
Thymian	199	●	●		●		●	●	●	

Zutaten für 4 Personen
Zubereitungszeit: 40 Minuten

Steak mit Kräuterkruste

Habichtskraut *(Hieracium)*

1 Schalotte
2 Knoblauchzehen – hacken und zusammen andünsten, auskühlen lassen
3 Handvoll Kräuter – fein schneiden und dazugeben
200 g weiche Butter – dazugeben, gut verrühren
2 Eigelbe – einzeln dazugeben und jeweils gut verrühren
50 Brotbrösel (Paniermehl) – daruntermischen
Salz, Pfeffer – abschmecken

Masse auf ein Stück Klarsichtfolie geben und zu einer Rolle formen, kühl stellen.

4 Steaks – beidseitig anbraten und auf ein Backblech legen

Von der Rolle einige Scheiben abschneiden und als Kräuterkruste auf die Steaks legen, leicht andrücken. Im Ofen bei starker Oberhitze 10 Min. gratinieren.

TIPP **Die Steaks können mit Salat oder anderen Beilagen serviert werden.**

		Geschmack					Verwendete Teile			
Kräuter	Seite	würzig	scharf	süß	bitter	sauer	Blätter	Blüten (-knospen)	Junge Triebe	Früchte
Steinquendel	99	●	●				●		●	
Wundklee	106				●	●		●	●	
Nelkenwurz	139	●			●		●	●		
Habichtskraut	142	●			●		●	●		
Hufeisenklee	145	●		●			●	●	●	
Bibernelle	167		●	❀	●		●	●		●
Fingerkraut, Blutwurz	176	●	●			●	●		●	
Thymian	199	●	●		●		●	●	●	

Zutaten für 4 Personen
Zubereitungszeit: 45 Minuten

Truthahnbrust

Kümmel *(Carum)*

700 g Truthahnbrust	in 10 g schwere Würfel schneiden
Mehl	mäßig bestäuben
40 g Traubenkernöl	bei großer Hitze max. 2 Min. goldgelb sautieren
	Fleisch sofort herausnehmen.
30 g frische Butter	in den Bratensatz geben
10 g Knoblauch	fein schneiden und dazugeben
60 g Schalotten	gehackt beifügen und glasieren
80 g Noilly Prat	ablöschen und fast vollständig einreduzieren
1 dl Weißwein	angießen und ebenfalls reduzieren
2,5 dl Geflügelfond	anfüllen und zur Hälfte reduzieren
1 dl Doppelrahm	beigeben
Salz, Pfeffer, Zitronensaft	abschmecken
wenig Mehlbutter	evtl. Sauce leicht nachbinden
5–6 Handvoll Kräuter	waschen, trocknen, schneiden und beigeben
	Fleisch in die Sauce geben und leicht erhitzen (nicht kochen).

TIPP Mit blanchierter Gemüse-Brunoise (sehr klein geschnittenen Gemüsewürfeln) und Tomaten-Concassée (blanchierten, gehäuteten und zerkleinerten Tomaten) anrichten. Mit einigen Dostblüten garnieren.

Kräuter	Seite	Geschmack					Verwendete Teile			
		würzig	scharf	süß	bitter	sauer	Blätter	Blüten (-knospen)	Junge Triebe	Frücht
Schafgarbe	96	●	●		●		●	●	●	
Kümmel	123	●	●				●		●	●
Labkraut	134	●		❀	●		●	●	●	
Hufeisenklee	145	●		●			●	●	●	
Milchkraut	153	●			●		●	●		
Liebstock	156	●					●	●	●	●
Dost	162	●	●		●		●	●	●	
Mauerpfeffer	191		●				●			

Zutaten für 4 Personen
Zubereitungszeit: 60 Minuten

Saucisson im Brotteig

Pippau *(Crepis)*

2 EL Honig	
40 g Frischhefe	beides in lauwarmem Wasser auflösen
	blanchierte Kräuter dazugeben
800 g Mehl	alles vermischen und einen Kranz bilden
5 dl Wasser	
6–7 Handvoll Kräuter	waschen, fein hacken und blanchieren
Kräuter	Wasser-Kräuter-Mischung zum Kranz dazugeben, alles zu einem glatten Teig kneten und ca. 30 Min. gehen lassen
1 große Saucisson	20 Min. pochieren
	Anschließend im Teig einpacken, mit Ei bestreichen und 40 Min. im Ofen bei 180 °C backen.

TIPP Anstelle der Saucisson kann auch ein Schüfeli (Schweineschulter) verwendet werden. Die Saucisson im Kräuter-Brotteig kann zum Beispiel mit Blattspinat serviert werden.

Kräuter	Seite	Geschmack					Verwendete Teile			
		würzig	scharf	süß	bitter	sauer	Blätter	Blüten (-knospen)	Junge Triebe	Früchte
Wundklee	106				●	●		●	●	
Guter Heinrich, Gänsefuß	126				●		●		●	●
Pippau	128				●		●	●		
Weidenröschen	131			❀		●	●	●	●	
Habichtskraut	142	●			●		●	●		
Milchkraut	153	●			●		●	●		
Dost	162	●	●		●		●	●	●	

GEMÜSE-GERICHTE

Zutaten für 4 Personen
Zubereitungszeit: 25 Minuten

Gemüse-Carpaccio

Storchenschnabel *(Geranium)*

1 Kohlrabi	Gemüse hobeln
1 kleine gelbe Zucchini	ziegelartig, dekorativ auf Tellern anordnen
1 kleine Fenchelknolle	
1 Handvoll Kräuter und Blüten	vom Stiel gezupft, darüberstreuen
	Sauce tonnato
1 kleine Büchse Thon	
180 g Sauerrahm	
etwas Zitronenabrieb	
Salz, Pfeffer,	
Muskat, Paprika	miteinander pürieren, wenig aufs Carpaccio geben, Rest separat dazu servieren
Kapern	darüber verteilen

TIPP Statt Kapern können auch Oliven oder rote Zwiebelringe verwendet werden. Anstelle einer Thonsauce kann man auch Olivenöl und Crema di Balsamico darüberträufeln und etwas Parmesan darüberhobeln.

		Geschmack					Verwendete Teile			
Kräuter	Seite	würzig	scharf	süß	bitter	sauer	Blätter	Blüten (-knospen)	Junge Triebe	Früchte
Schafgarbe	96	●	●		●		●	●	●	
Weidenröschen	131			❀		●	●	●	●	
Storchenschnabel	137	●			●		●	●	●	
Hufeisenklee	145	●		●			●	●	●	
Taubnessel	147	●		❀		●	●	●	●	
Dost	162	●	●		●		●	●	●	
Rapunzel	164	●	●	●		●	●	●	●	
Bibernelle	167		●	❀	●		●	●		●
Wiesenknopf	188	●			●		●	●	●	●

Zutaten für 4 Personen
Zubereitungszeit: 55 Minuten

Gefüllte Tomaten

Dost *(Origanum)*

8 Fleischtomaten	Deckel abschneiden, aushöhlen und das Tomateninnere in eine feuerfeste Form geben
Salz, Pfeffer	würzen
250 g altes Brot	würfeln, einweichen
3 dl warme Milch	
Salz, Pfeffer, Muskat	mit Gewürzen mischen
2 Handvoll Kräuter, gemischt	abzupfen
2 Frühlingszwiebeln	fein hacken
1 Knoblauchzehe	fein hacken
1 Handvoll Sauerampferblätter	fein hacken und dazumischen
125 g Fetakäse-Würfel	darunterziehen
	Füllung in Tomaten verteilen, Deckel darauflegen, Tomaten in eine Auflaufform stellen und ca. 30 Min. im Ofen bei 200 °C backen.

TIPP Die gefüllten Tomaten werden mit Reis oder Bratkartoffeln serviert und können mit Dost-Blüten garniert werden. Anstelle von Fetakäse kann auch Camembert oder Tomme verwendet werden.

Kräuter	Seite	Geschmack					Verwendete Teile			
		würzig	scharf	süß	bitter	sauer	Blätter	Blüten (-knospen)	Junge Triebe	Frücht
Schafgarbe	96	●	●		●		●	●	●	
Hufeisenklee	145	●		●			●	●	●	
Dost	162	●	●		●		●	●	●	
Ampfer	185				●	●	●		●	●
Wiesenknopf	188	●			●		●	●	●	●
Mauerpfeffer	191		●				●			
Thymian	199	●	●		●		●	●	●	

Zutaten für 4 Personen
Zubereitungszeit: 25 Minuten

Gebratener Sellerie

Maßlieb *(Aster)*

500 g Knollensellerie	schälen und in 1 cm dicke Scheiben schneiden
2 Eier	verquirlen
4 Stängel Dost	abzupfen, beifügen
1 Handvoll Kräuter	dazugeben
Salz, Pfeffer, Muskat	würzen
etwas Mehl	Selleriescheiben im Mehl wenden, abklopfen
Paniermehl	Scheiben im geschlagenen Ei und dann im Paniermehl wenden
Bratbutter	Sellerie in beschichteter Pfanne beidseitig goldig braten

TIPP Die gebratenen Selleriescheiben können mit Blüten garniert werden. Am besten mit einem gemischten Salat und nach Belieben mit Tomaten- oder Kräuterquarksauce dazu servieren. Auf die gleiche Art können auch Zucchinischeiben gebraten werden.

Kräuter	Seite	Geschmack					Verwendete Teile			
		würzig	scharf	süß	bitter	sauer	Blätter	Blüten (-knospen)	Junge Triebe	Früchte
Schafgarbe	96	●	●		●		●	●	●	
Maßlieb(chen)	112				●	●	●	●		
Glockenblume	117			●	●		●	●	●	
Kümmel	123	●	●				●		●	●
Hornklee	159	●					●	●	●	
Dost	162	●	●		●		●	●	●	
Ampfer	185				●	●	●		●	●
Thymian	199	●	●		●		●	●	●	

Zutaten für 4 Personen
Zubereitungszeit: 40 Minuten

Gemüse-Bratlinge

Thymian *(Thymus)*

500 g Kohlrabi — mit der Röstiraffel reiben
1 Schalotte oder
2 Frühlingszwiebeln — fein hacken
wenig Olivenöl — zusammen andünsten
3 Eier — verquirlen, mit obigen Zutaten vermischen
8 EL Mehl — dazugeben
50 g Reibkäse — dazugeben
2 Handvoll Kräuter — hacken und beigeben
viel Thymian — Blätter abstreifen
Salz, Pfeffer, Muskat — würzen
Bratbutter — 8–12 Bratlinge formen und in einer beschichteten Pfanne beidseitig goldbraun braten.

TIPP Anstelle von Kohlrabi können Karotten oder Zucchini verwendet werden. Das Gericht kann mit Blüten garniert und mit einem Blattsalat serviert werden. Eventuell können auch Tomaten oder Kräuterquarksauce dazu gereicht werden.

Kräuter	Seite	Geschmack					Verwendete Teile			
		würzig	scharf	süß	bitter	sauer	Blätter	Blüten (-knospen)	Junge Triebe	Früchte
Schafgarbe	96	●	●		●		●	●	●	
Glockenblume	117			●	●		●	●	●	
Storchenschnabel	137	●			●		●	●	●	
Hufeisenklee	145	●		●			●	●	●	
Dost	162	●	●		●		●	●	●	
Bibernelle	167		●	✿	●		●	●		●
Wiesenknopf	188	●			●		●	●	●	●
Thymian	199	●	●		●		●	●	●	

Zutaten für 4 Personen
Für ein Backblech von 24 cm
Zubereitungszeit: 55 Minuten

Kräuter-Quiche

Schnittlauch *(Allium)*

	Teig
200 g Dinkelmehl	
½ TL Salz	
2 EL Reibkäse	
125 g kalte Butterwürfel	schnell zu einem geriebenen Teig zubereiten
	Belag
3 Eier	verquirlen
4–5 Handvoll Kräuter	beigeben
2,5 dl Halbrahm	beigeben
Salz, Pfeffer, Muskat	würzen
100 g Reibkäse	
50 g Speck- oder	
Schinkenwürfel	dazumischen
	Teig in Form drücken, Rand formen, Teigboden mit einer Gabel dicht einstechen. Füllung darauf verteilen, etwas Reibkäse darüberstreuen. 30 Min. bei 180 °C im Umluftofen backen oder bei 200 °C in unterer Ofenhälfte.

TIPP **Mit gemischtem Salat oder als Vorspeise servieren. Mundet auch kalt.**

		Geschmack					Verwendete Teile			
Kräuter	Seite	würzig	scharf	süß	bitter	sauer	Blätter	Blüten (-knospen)	Junge Triebe	Früchte
Schafgarbe	96	●	●		●		●	●	●	
Schnittlauch	105	●	●				●	●		
Kümmel	123	●	●				●		●	●
Hornklee	159	●					●	●	●	
Dost	162	●	●		●		●	●	●	
Bibernelle	167		●	✿	●		●	●		●
Thymian	199	●	●		●		●	●	●	

EIERSPEISEN

Leimkraut *(Silene)*

Zutaten für 4 Personen
Zubereitungszeit: 20–30 Minuten

Omelette

4 Eier	verquirlen
2 Zwiebeln/Schalotten	rösten
Salz, Pfeffer	würzen
4 dl Milch oder Rahm	dazugeben
4 gehäufte TL Dinkelmehl	verquirlen, 30 Min. ziehen lassen
3–4 Handvoll Kräuter	entweder vorgedünstete Kräuter darunterziehen und bei mittlerer Hitze stocken lassen oder am Schluss mit gedünsteten Kräutern füllen/garnieren

TIPP Die Kräuter werden saisonal mit Nutzsorten wie Kefen (Zuckererbsen), Erbsen, Mangold, Bohnen, reifen Tomaten ergänzt. Zusätzlich zu den unten aufgeführten Kräutern können auch Storchenschnabel, Liebstock, Dost, Wegerich und Thymian verwendet werden.

Kräuter	Seite	Geschmack					Verwendete Teile			
		würzig	scharf	süß	bitter	sauer	Blätter	Blüten (-knospen)	Junge Triebe	Früchte
Schafgarbe	96	●	●		●		●	●	●	
Steinquendel	99	●	●				●		●	
Weidenröschen	131			❀		●	●	●	●	
Labkraut	134	●		❀	●		●	●	●	
Taubnessel	147	●		❀		●	●	●	●	
Rapunzel	164	●	●	●		●	●	●	●	
Wiesenknopf	188	●			●		●	●	●	●
Leimkraut, Klatschnelke	193			●	●		●	●	●	

Zutaten für 4 Personen
Zubereitungszeit: 30 Minuten

Tortilla

Brunelle *(Prunella)*

1 kg festkochende Kartoffeln	schälen, würfeln, 15 Min. in
Olivenöl	anbraten
Salz, Pfeffer	würzen
Zwiebeln, Knoblauch, Paprika	beigeben, bräunen
2 Handvoll Kräuter	daruntermischen
8 Eier	verquirlen, ungewürzt max. 1 Min. stehenlassen, beigeben
	Alles im Ofen (Kuchenblech) 15 Min. bei 150 °C stocken lassen.

TIPP Nach Belieben kann die Tortilla mit Rohschinken oder Käse ergänzt werden. Die Tortilla mit ein paar Blüten und fein geschnittenen Kräutern garnieren.

Kräuter	Seite	Geschmack					Verwendete Teile			
		würzig	scharf	süß	bitter	sauer	Blätter	Blüten (-knospen)	Junge Triebe	Früchte
Frauenmantel, Silbermantel	101				●		●	●	●	
Wundklee	106				●	●		●	●	
Guter Heinrich, Gänsefuß	126				●		●		●	●
Weidenröschen	131			❀		●	●	●	●	
Labkraut	134	●		❀	●		●	●	●	
Habichtskraut	142	●			●		●	●		
Bibernelle	167		●	❀	●		●	●		●
Brunelle	179	●			●		●	●	●	
Wiesenknopf	188	●			●		●	●	●	●

Zutaten für 4 Personen
Zubereitungszeit: 20–30 Minuten

Frittata

Silbermantel *(Alchemilla)*

2–3 Zwiebeln/Schalotten	in Olivenöl goldig rösten
4 Handvoll Kräuter	gut abgetropft beigeben, dünsten
8 Eier	
Salz, Pfeffer	
Parmesan	verquirlen, über das Gemüse gießen, stocken lassen
	Um die leuchtenden Farben zu erhalten, kann auf das Wenden verzichtet werden!
	Rührei: Zubereitung wie oben, wird beim Braten von außen nach innen gezogen und gewendet.

TIPP Eher raufaserige (Alter, trockene Witterung) Pflanzen sind viel bekömmlicher, entfalten ihr Aroma und erreichen die tafelwürdige Textur, wenn sie vorgängig blanchiert werden. Zur Schönung Blütenblätter wie Hornklee, Glockenblume, Habichtskraut erst am Ende des Dünstens beigeben.

Kräuter	Seite	Geschmack					Verwendete Teile			
		würzig	scharf	süß	bitter	sauer	Blätter	Blüten (-knospen)	Junge Triebe	Früchte
Schafgarbe	96	●	●		●		●	●	●	
Frauenmantel, Silbermantel	101				●		●	●	●	
Wundklee	106				●	●		●	●	
Guter Heinrich, Gänsefuß	126				●		●		●	●
Pippau	128				●		●	●		
Rapunzel	164	●	●	●		●	●	●	●	
Brunelle	179	●			●		●	●	●	
Mauerpfeffer	191		●				●			
Leimkraut, Klatschnelke	193			●	●		●	●	●	

Blutwurz *(Potentilla)*

Zutaten für 4 Personen
Zubereitungszeit: 25 Minuten

Gefüllte Eier

6–8 Eier	auf Zimmertemperatur wärmen, am flacheren Ende mit einer Stecknadel oder einem Eierpick einstechen
1 l Wasser	in einer Pfanne zum Kochen bringen, Eier vorsichtig hineinlegen, Kochzeit 8–10 Min. (je nach Eiergröße)
	Eier herausnehmen, kurz mit kaltem Wasser abschrecken und komplett auskühlen lassen, schälen und halbieren.
2 Handvoll Kräuter	waschen, trocken tupfen und sehr fein schneiden
	Die Eigelbe vorsichtig aus dem Eiweißbett heben.
100 g Magerquark	mit dem Eigelb verrühren
½ TL Senf	zugeben und Kräuter dazugeben, alles glatt rühren
Salz, Paprika	würzen, nochmals gut rühren
	Masse in einen Spritzsack füllen und in die Ei-Hälften spritzen. Die gefüllten Eier mit einigen Blüten garnieren.

TIPP Sie können auch hartgekochte Eier kaufen. Als Vorspeise oder auf einem Blattsalat servieren. Anstelle von Quark Frischkäse oder Crème fraîche verwenden.

Kräuter	Seite	Geschmack					Verwendete Teile			
		würzig	scharf	süß	bitter	sauer	Blätter	Blüten (-knospen)	Junge Triebe	Früchte
Schnittlauch	105	●	●				●	●		
Gänsekresse	109	●	●				●		●	
Schaumkraut	120		●		●		●		●	
Taubnessel	147	●		❀		●	●	●	●	
Liebstock	156	●					●	●	●	●
Rapunzel	164	●	●	●		●	●	●	●	
Knöterich	173					●	●	●		●
Fingerkraut, Blutwurz	176	●	●			●	●		●	
Goldrute	196			❀	●		●	●	●	

Zutaten für 4 Personen
Zubereitungszeit: 30 Minuten

Pochierte Eier/ Grüner Benedikt

Liebstock *(Ligusticum)*

1 Handvoll Kräuter	waschen, trocken tupfen, sehr fein schneiden, wegstellen
2 Eigelb	in Schüssel über warmem (nicht zu heißem!) Wasserbad schaumig rühren
1 dl Weißwein	langsam dazurühren
150 g kalte Butter	in kleinen Stücken dazugeben, cremig rühren
Salz, Pfeffer, 1 Prise Zucker	abschmecken und Kräuter daruntermischen
	Sauce im Wasserbad warm stellen (nicht zu heiß) und vor dem Servieren nochmals umrühren.
1 l Wasser	simmern, nicht kochen!
2 EL Essig	ins Wasser geben
4 Eier	einzeln in Tasse aufschlagen, langsam ins Wasser gleiten lassen, mit einem Löffel vorsichtig bewegen, damit das Ei nicht am Pfannenboden haftet. Nach 3–4 Min. vorsichtig mit einer Schaumkelle herausfischen, auf leicht vorgewärmten Teller legen.
4 Brotscheiben	toasten, Eier darauf platzieren und Kräutersauce darübergeben
Salz, Pfeffer	würzen

TIPP Knusprigen Bratspeck darüberlegen und mit Blüten garnieren.

Kräuter	Seite	Geschmack					Verwendete Teile			
		würzig	scharf	süß	bitter	sauer	Blätter	Blüten (-knospen)	Junge Triebe	Früchte
Schnittlauch	105	●	●				●	●		
Gänsekresse	109	●	●				●		●	
Labkraut	134	●		❀	●		●	●	●	
Liebstock	156	●					●	●	●	●
Hornklee	159	●					●	●	●	
Bibernelle	167		●	❀	●		●	●		●
Leimkraut, Klatschnelke	193			●	●		●	●	●	

MILCH-/ KÄSESPEISEN

Zutaten für 4 Personen
Zubereitungszeit: 20–30 Minuten

Kräuter-Fondue

Veilchen *(Viola)*

500–600 g Käse	verschiedene Halbhartkäse (Greyerzer, Vacherin, Bergkäse) mit der Käseraffel reiben
1–2 Knoblauchzehen	fein schneiden, in Fonduepfanne geben, mit Kelle gut verteilen, Achtung: nicht braun werden lassen
3 dl Weißwein	dazugeben und bis zum Siedepunkt erwärmen
	Käsemischung dazugeben und unter ständigem Rühren aufkochen, 2 Min. köcheln lassen
1 TL Maizena, 4 cl Kirsch	Maizena in Kirsch auflösen, in Käsemischung einrühren
2–3 Handvoll Kräuter	in einem Sieb waschen, mit Küchenpapier trocken tupfen, fein schneiden, in das Fondue einarbeiten und sofort servieren
Pfeffer aus der Mühle	dazugeben
Brot	zum Fondue wird geschnittenes Brot gereicht
Geschwellti (Pellkartoffeln)	passen ebenso
Früchte	mundgerechte Fruchtstücke sind eine leckere Ergänzung

TIPP Es kann auch eine fertige Käsemischung benutzt werden. Die Kräutermischung kann auch übers Raclette gestreut werden.

		Geschmack					Verwendete Teile			
Kräuter	Seite	würzig	scharf	süß	bitter	sauer	Blätter	Blüten (-knospen)	Junge Triebe	Früchte
Schafgarbe	96	●	●		●		●	●	●	
Steinquendel	99	●	●				●		●	
Frauenmantel, Silbermantel	101				●		●	●	●	
Schnittlauch	105	●	●				●	●		
Storchenschnabel	137	●			●		●	●	●	
Dost	162	●	●		●		●	●	●	
Fingerkraut, Blutwurz	176	●	●			●	●		●	
Veilchen, Stiefmütterchen	205			●			●	●	●	

Zutaten für 4 Personen
Zubereitungszeit: 30–40 Minuten

Käseschnitte

Ampfer *(Rumex)*

300 g Käse	Halbhartkäse und/oder Hartkäse (z. B. Greyerzer, Alpkäse, Appenzeller) fein raffeln
4 Eier	verquirlen
1 dl Milch oder Rahm	
½ EL Mehl	dazugeben, gut verrühren, zum Schluss geriebenen Käse dazugeben, Masse etwas stehen lassen (idealerweise 1 Std.)
1 Halbweißbrot	12 größere Brotscheiben schneiden, im Ofen beidseitig leicht bräunen
3-4 Handvoll Kräuter	in einem Sieb waschen, mit Küchenpapier trocken tupfen, fein schneiden, unter die Käsemasse geben
	Brotscheiben mit der Käsemasse einseitig großzügig gleichmäßig bestreichen, 10 Min. bei ca. 210 °C Oberhitze im Ofen goldgelb backen.
	Käseschnitte anrichten und sofort servieren.

TIPP Nach Wahl kann wenig Tomatenmark in die Käsemasse gegeben werden. Erkaltete Käseschnitten können, in Würfel geschnitten, als Suppeneinlage oder Salatbeilage dienen. Zum Picknick sind kalte Käseschnitten eine gute Alternative zu Sandwiches. Käseschnitten mit Salaten servieren.

Kräuter	Seite	Geschmack					Verwendete Teile			
		würzig	scharf	süß	bitter	sauer	Blätter	Blüten (-knospen)	Junge Triebe	Früchte
Schafgarbe	96	●	●		●		●	●	●	
Steinquendel	99	●	●				●		●	
Kümmel	123	●	●				●		●	●
Dost	162	●	●		●		●	●	●	
Ampfer	185				●	●	●		●	●
Wiesenknopf	188	●			●		●	●	●	●
Mauerpfeffer	191		●				●			
Thymian	199	●	●		●		●	●	●	

Besenheide *(Calluna)*

Zutaten für 4 Personen
Zubereitungszeit: 30–40 Minuten

Milchreis

20 g Butter	in Pfanne zergehen lassen
400 g Reis (Rundkorn)	dazugeben, glasig dünsten
8 dl Milch	(oder 4 dl Milch, 4 dl Wasser) und
1 Prise Salz	dazugeben, 20 Min. köcheln lassen, nicht rühren
2–3 Handvoll Kräuter	in einem Sieb waschen, mit Küchenpapier trocken tupfen, fein schneiden, unter den Reis geben
1TL Zucker, Honig	leicht süßen

TIPP Zum Reis kann Früchtekompott serviert werden. Der Reis kann auch würzig-scharf zubereitet werden. Kräutermischung: 2–3 Handvoll Steinquendel, Schnittlauch, Storchenschnabel, Dost und Wiesenknopf. Nach Belieben mit Cayennepfeffer würzen und zu Gemüse servieren.

		Geschmack					Verwendete Teile			
Kräuter	Seite	würzig	scharf	süß	bitter	sauer	Blätter	Blüten (-knospen)	Junge Triebe	Früchte
Maßlieb(chen)	112				●	●	●	●		
Besenheide	115	●		●				●	●	
Glockenblume	117			●	●		●	●	●	
Nelkenwurz	139	●			●		●	●		
Klee	202			✿	●	●	●	●	●	
Veilchen, Stiefmütterchen	205			●			●	●	●	

Ergibt ca. 7 dl als Basissauce für ein Gericht
für 4 Personen
Zubereitungszeit: 20–30 Minuten

Béchamelsauce

Klee *(Trifolium)*

3–4 Handvoll Kräuter	in einem Sieb waschen, gut abtropfen, grob schneiden
2 dl kaltes Wasser	Kräuter ins Wasser geben, sehr fein pürieren, Kräuterwasser beiseitestellen
25 g Butter	in Pfanne zergehen lassen
50 g Mehl	dazurühren, kurz dünsten, bis ein heller Roux (Mehlschwitze) entsteht
4 dl Milch	hinzurühren, glatt rühren, 5 Min. köcheln lassen
	Vorbereitetes Kräuterwasser dazugeben, 10 Min. kochen lassen
Salz	abschmecken

Verwendung:
- für Gemüse wie Karotten, Kohlrabi, Schnittmangold, Champignon
- für die Herstellung einer Pastetchenfüllung
- als Basissauce für Nudeln und Kartoffelgnocchi, angereichert mit Schinken, Erbsen usw.

Sauce je nach Verwendung würzen (z. B. mit Pfeffer, Paprika).

TIPP Reichlich geriebener Alpkäse in die Sauce gerührt, ergibt eine grüne Kräuter-Mornaysauce. Diese zu Geschwellti (Pellkartoffeln) servieren.

Kräuter	Seite	Geschmack					Verwendete Teile			
		würzig	scharf	süß	bitter	sauer	Blätter	Blüten (-knospen)	Junge Triebe	Früchte
Frauenmantel, Silbermantel	101				●		●	●	●	
Guter Heinrich, Gänsefuß	126				●		●		●	●
Habichtskraut	142	●			●		●	●		
Liebstock	156	●					●	●	●	●
Himbeere, Steinbeere	182	●			●	●	●		●	●
Goldrute	196			❀	●		●	●	●	
Klee	202			❀	●	●	●	●	●	

Zutaten für 4 Personen
Zubereitungszeit: 10 Minuten

Kräuter-Quark

Nelkenwurz *(Geum)*

1–2 Handvoll Kräuter	in einem Sieb waschen, mit Küchenpapier trocken tupfen, fein schneiden, einige ganze Blüten für die Garnitur beiseitelegen
250 g Quark	(Vollrahm-, Halbfett- oder Magerquark) gut mit den Kräutern verrühren
Salz, Pfeffer	abschmecken

Verwendung:
- als Brotaufstrich
- als Saucenbeilage zu Grilladen
- als Saucenbeilage zu Kartoffeln
- als Dipp zu Gemüse

TIPP Anstelle oder ergänzend zum Quark kann auch Sauerrahm und Naturjoghurt verwendet werden. Die Zubereitung mit Mascarpone kann interessant für eine Nachspeise sein, z. B. zu Meringen, wobei nur wenig Mascarpone verwendet werden sollte.

Kräuter	Seite	Geschmack					Verwendete Teile			
		würzig	scharf	süß	bitter	sauer	Blätter	Blüten (-knospen)	Junge Triebe	Früchte
Schafgarbe	96	●	●		●		●	●	●	
Steinquendel	99	●	●				●		●	
Schnittlauch	105	●	●				●	●		
Gänsekresse	109	●	●				●		●	
Maßlieb(chen)	112				●	●	●	●		
Glockenblume	117			●	●		●	●	●	
Nelkenwurz	139	●			●		●	●		
Ampfer	185				●	●	●		●	●
Veilchen, Stiefmütterchen	205			●			●	●	●	

DESSERTS

Zutaten für 4 Personen
Zubereitungszeit: 45 Minuten

Parfait

Stiefmütterchen *(Viola)*

1 Handvoll Stiefmütterchen	in Sieb waschen, mit Küchenpapier trocken tupfen, auf mit Backpapier belegtes Blech legen
Puderzucker	bestäuben, bei 100 °C ca. 2 Std. im Ofen trocknen lassen
1 Handvoll Stiefmütterchen	in Sieb waschen, mit Küchenpapier trocken tupfen
1 dl Milch	in lauwarme Milch geben und ziehen lassen, dann abseihen
2 Eigelb, Puderzucker	Kräutermilch mit Eigelb und Puderzucker in einem warmen (nicht heißen!) Wasserbad dickcremig schlagen, vom Wasserbad nehmen und kalt weiterschlagen
120 ml Rahm	steif schlagen und unter die Kräutermilch ziehen
	Masse in eine Form geben und im Tiefkühler gefrieren.
	Vor dem Servieren die kandierten Stiefmütterchen darüberstreuen.

TIPP Anstelle von Stiefmütterchen können auch die unten aufgeführten Blüten verwendet werden, eventuell auch miteinander kombiniert. Das Parfait kann mit einem Erdbeercoulis serviert und mit einzelnen Saisonfrüchten garniert werden.

		Geschmack					Verwendete Teile			
Kräuter	Seite	würzig	scharf	süß	bitter	sauer	Blätter	Blüten (-knospen)	Junge Triebe	Früchte
Besenheide	115	●		●				●	●	
Glockenblume	117			●	●		●	●	●	
Hufeisenklee	145	●		●			●	●	●	
Hornklee	159	●					●	●	●	
Klee	202			❀	●	●	●	●	●	
Veilchen, Stiefmütterchen	205			●			●	●	●	

Zutaten für 4 Personen
Zubereitungszeit: 30 Minuten

Panna cotta

Glockenblume *(Campanula)*

1 Handvoll Kräuter in Sieb waschen, mit Küchenpapier trocken tupfen, nur Kraut fein schneiden und ganze Blüten beiseitelegen

2,5 dl Rahm
1 dl Milch
35 g Zucker in eine Pfanne geben, dann die Kräuter dazugeben und aufkochen, auf kleinem Feuer 15 Min. einkochen

2 Blatt Gelatine in kaltem Wasser 10 Min. einweichen, leicht ausdrücken und unter Rühren vollständig auflösen, zugeben und gut mischen

Masse in Förmchen oder kleine Gläser füllen und mind. 4 Std. kalt stellen.

TIPP Einzelne Blüten können als essbare Dekoration benutzt werden. Die Panna cotta kann mit einem Erdbeercoulis serviert und mit einzelnen Saisonfrüchten garniert werden.

		Geschmack					Verwendete Teile			
Kräuter	Seite	würzig	scharf	süß	bitter	sauer	Blätter	Blüten (-knospen)	Junge Triebe	Früchte
Besenheide	115	●		●				●	●	
Glockenblume	117			●	●		●	●	●	
Weidenröschen	131			❀		●	●	●	●	
Labkraut	134	●		❀	●		●	●	●	
Hufeisenklee	145	●		●			●	●	●	
Hornklee	159	●					●	●	●	
Bibernelle	167		●	❀	●		●	●		●
Klee	202			❀	●	●	●	●	●	
Veilchen, Stiefmütterchen	205			●			●	●	●	

Zutaten für 4 Personen
Zubereitungszeit: 20 Minuten

Apfel-Creme

Hornklee *(Lotus)*

2 Äpfel	waschen und raffeln
etwas Zitronensaft	vermischen
150 g Quark	dazugeben
1 EL Honig, evtl. Puderzucker	nach Belieben süßen
1 Handvoll Kräuter	waschen, trocken tupfen, sehr fein schneiden und untermischen
2 dl Schlagrahm	unterheben und servieren

TIPP Einzelne Blüten können als essbare Dekoration benutzt werden. Die Creme kann mit hauchdünn geschnittenen Apfelstücken garniert werden. (Kurz in Zitronenwasser tauchen, abtrocknen, damit sie nicht braun werden.)

		Geschmack					Verwendete Teile			
Kräuter	Seite	würzig	scharf	süß	bitter	sauer	Blätter	Blüten (-knospen)	Junge Triebe	Früchte
Besenheide	115	●		●				●		
Glockenblume	117			●	●		●	●	●	
Weidenröschen	131			✿		●	●	●	●	
Labkraut	134	●		✿	●		●	●	●	
Hufeisenklee	145	●		●			●	●	●	
Hornklee	159	●					●	●	●	
Bibernelle	167		●	✿	●		●	●		●
Klee	202			✿	●	●	●	●	●	
Veilchen, Stiefmütterchen	205			●			●	●	●	

Zutaten für 4 Personen
Zubereitungszeit: 45 Minuten

Thymian-Creme

Thymian *(Thymus)*

1 Handvoll Thymian	in Sieb waschen, mit Küchenpapier trocken tupfen, abzupfen
250 ml Milch	
30 g Honig	in Milch einrühren, Thymian beifügen und zum Sieden bringen, 20 Min. ziehen lassen
2 Eigelb	
20 g Zucker	Eigelb und Zucker leicht schaumig rühren
	Unter starkem Rühren die Honig-Thymian-Milch nach und nach zum Eigelb mischen.
1 Blatt Gelatine	in kaltem Wasser 10 Min. einweichen, dann ausdrücken, zugeben und gut verrühren
	Masse durch das Spitzsieb passieren und im Wasserbad rasch auskühlen lassen.
250 g Schlagrahm	vor dem Festwerden der Masse darunterziehen, in Formen füllen und kühl stellen

TIPP Anstelle von Thymian können auch die unten aufgeführten Blüten verwendet werden, eventuell auch miteinander kombiniert. Einzelne Blüten dienen als essbare Dekoration.

Kräuter	Seite	Geschmack					Verwendete Teile			
		würzig	scharf	süß	bitter	sauer	Blätter	Blüten (-knospen)	Junge Triebe	Früchte
Besenheide	115	●		●				●	●	
Glockenblume	117			●	●		●	●	●	
Hufeisenklee	145	●		●			●	●	●	
Hornklee	159	●					●	●	●	
Thymian	199	●	●		●		●	●	●	
Klee	202			❀	●	●	●	●	●	

Klee *(Trifolium)*

Zutaten für 4 Personen
Zubereitungszeit: 30 Minuten

Fruchtsalat

4 dl Wasser	
40 g Zucker	
20 g Honig	alles zusammen aufkochen
1 Handvoll Kräuter	in einem Sieb waschen, mit Küchenpapier trocken tupfen, nur Kraut fein schneiden und ganze Blüten beiseitelegen
	Kräuter zum Wasser-Honig-Sud geben und 20 Min. ziehen lassen
500 g frische Früchte	je nach Saison Äpfel, Birnen, Aprikosen waschen und in Würfel schneiden (es können auch Beeren verwendet werden)
	Die Fruchtstücke in den Sirup geben, gut mischen und kühl stellen.

TIPP Vor dem Servieren kann der Fruchtsalat mit etwas Schlagrahm und den Blüten garniert oder mit einer Kugel Eis (Glacé) serviert werden.

		Geschmack					Verwendete Teile			
Kräuter	Seite	würzig	scharf	süß	bitter	sauer	Blätter	Blüten (-knospen)	Junge Triebe	Früchte
Besenheide	115	●		●				●	●	
Glockenblume	117			●	●		●	●	●	
Hufeisenklee	145	●		●			●	●	●	
Hornklee	159	●					●	●	●	
Klee	202			❀	●	●	●	●	●	
Veilchen, Stiefmütterchen	205			●			●	●	●	

SPEZIELLES

Zutaten für 1 Liter
Zubereitungszeit: 15 Minuten

Kräuter-Essig

Goldrute *(Solidago)*

2 Handvoll Kräuter in einem Sieb waschen, mit Küchenpapier sehr gut trocken tupfen

Kräuter nicht schneiden, sondern die ganzen Triebspitzen, Stängel oder Blüten verwenden

1 l Essig Obst- oder Weinessig, nur gute Qualität verwenden!

Kräuter in ein großes Einmachglas legen und Essig darübergießen, es müssen alle Pflanzenteile bedeckt sein.

Zur stärkeren Aromatisierung können einige Pfefferkörner oder 2–3 kleine Stücke unbehandelte Zitronenschale dazugegeben werden.

Essig 2–3 Wochen auf Fensterbank stehen lassen und ab und zu leicht schütteln. Danach Essig abseihen und in Flasche abfüllen.

Zur Dekoration können ein paar Zweige und Stängel in der Flasche belassen werden.

TIPP Auch ein paar Himbeeren im Essig sehen schön aus, geben ein fruchtiges Aroma. Zum Weiterverschenken am besten ein paar frische Kräuter dazugeben, damit es wieder ganz frisch aussieht. Man kann die Kräuter auch direkt in die Essigflasche füllen.

		Geschmack					Verwendete Teile			
Kräuter	Seite	würzig	scharf	süß	bitter	sauer	Blätter	Blüten (-knospen)	Junge Triebe	Früchte
Besenheide	115	●		●				●	●	
Laserkraut	150	●			●		●	●		●
Dost	162	●	●		●		●	●	●	
Wegerich	170				●	●	●	●		●
Himbeere, Steinbeere	182	●			●	●	●		●	●
Mauerpfeffer	191		●				●			
Goldrute	196			✿	●		●	●	●	
Klee	202			✿	●	●	●	●	●	

Zutaten für 1 Liter
Zubereitungszeit: 15 Minuten

Kräuter-Öl

Habichtskraut *(Hieracium)*

Flaschen oder Einmachgläser vor Gebrauch sehr heiß ausspülen und vollständig austrocknen! Sehr sauber arbeiten.

1–2 Handvoll Kräuter in einem Sieb waschen, mit Küchenpapier sehr gut trocken tupfen. Die Kräuter müssen vor dem Einfüllen vollständig trocken sein! (Gefahr von Schimmelbildung)

1 l Olivenöl unbedingt hochwertiges, kalt gepresstes Olivenöl verwenden

Kräuter locker in Glasgefäß einfüllen und mit Öl übergießen, es müssen alle Pflanzenteile bedeckt sein. Gefäß randvoll füllen und gut verschließen. Kurz schütteln und auf den Kopf stellen, damit es keine Lufteinschlüsse gibt.

Öl 3 Wochen an hellem Ort, nicht in der Sonne, ziehen lassen.

Danach Öl an kühlem, dunklem Ort lagern, aber nicht im Kühlschrank, da es dort trüb werden kann.

Beim Öffnen unbedingt darauf achten, dass die Zweige nicht aus dem Öl ragen. Sobald die Kräuter mit Luft in Berührung kommen, schimmeln sie sehr schnell. Am besten Öl nach dem Öffnen durch ein Sieb filtern und alle Pflanzenteile entfernen.

TIPP **Wer es scharf mag, kann ein paar farbige Pfefferkörner und 1–2 kleine Chilischoten dazugeben. Sie sollten das Kräuteraroma nicht überdecken.**

		Geschmack					Verwendete Teile			
Kräuter	Seite	würzig	scharf	süß	bitter	sauer	Blätter	Blüten (-knospen)	Junge Triebe	Früchte
Gänsekresse	109	●	●				●		●	
Schaumkraut	120		●		●		●		●	
Kümmel	123	●	●				●		●	●
Nelkenwurz	139	●			●		●	●		
Habichtskraut	142	●			●		●	●		
Fingerkraut, Blutwurz	176	●	●			●	●		●	
Thymian	199	●	●		●		●	●	●	

Zutaten für 1 kg
Zubereitungszeit: 20 Minuten

Kräuter-Salz

Bibernelle *(Pimpinella)*

1 kg Salz Meersalz, Steinsalz, Fleur de sel, Himalajasalz (Experimentieren mit verschiedenen Salzsorten lohnt sich)

5 Handvoll Kräuter in einem Sieb waschen, mit Küchenpapier trocken tupfen, mit Wiegemesser schneiden

Größere Mengen können im Mixer oder Cutter geschnitten werden, kleinere Mengen im Mörser zerstoßen. Salz erst nach vollständigem Zerkleinern der Kräuter beimischen. Alles in großer Schüssel gut vermischen.

Variante: Salz und Kräuter zusammen zerkleinern, in der Kaffeemühle oder im Mixer. Erscheint die Masse zu feucht, Salzanteil entsprechend erhöhen.

Kräutersalz auf mit Backpapier belegtem Blech bei 50–80 °C in der Ofenmitte trocknen, Ofentür dabei einen Spalt offen lassen.

Kräutersalz in gut verschließbarem Behälter 12–24 Std. durchziehen lassen, danach in Salzstreuer abfüllen.

TIPP Man kann auch getrocknete Kräuter für die Herstellung von Kräutersalz verwenden. Da getrocknete Kräuter intensiver riechen, reichen 3 Handvoll.

		Geschmack					Verwendete Teile			
Kräuter	Seite	würzig	scharf	süß	bitter	sauer	Blätter	Blüten (-knospen)	Junge Triebe	Früchte
Schafgarbe	96	●	●		●		●	●	●	
Frauenmantel, Silbermantel	101				●		●	●	●	
Schnittlauch	105	●	●				●	●		
Kümmel	123	●	●				●		●	●
Liebstock	156	●					●	●	●	●
Dost	162	●	●		●		●	●	●	
Rapunzel	164	●	●	●		●	●	●	●	
Bibernelle	167		●	❀	●		●	●		●
Thymian	199	●	●		●		●	●	●	

Zutaten für 500 ml
Zubereitungszeit: 30 Minuten

Kräuter-Pesto

Knöterich *(Polygonum)*

250 ml Olivenöl	kalt gepresstes (extra vergine) Olivenöl verwenden
100 g Hartkäse	(Pecorino, reifer Alpkäse, Sbrinz, Parmesan) fein reiben
30 g Sonnenblumenkerne	im Mörser zerstoßen oder fein hacken
1 TL Salz, ½ TL Pfeffer	würzen
1 Knoblauchzehe	klein schneiden, beigeben (kann auch weggelassen werden)
1–2 EL Zitronen- oder Limettensaft	nach Belieben beigeben
4–5 Handvoll Kräuter	in einem Sieb waschen, mit Küchenpapier vollständig trocken tupfen und mit Wiegemesser regelmäßig zerkleinern

Alles zu sämiger Masse verrühren und in kleinere Gläser abfüllen, sofort verschließen und kühl lagern.

Nach dem Öffnen im Kühlschrank lagern, etwas Olivenöl nachfüllen und schnell aufbrauchen.

TIPP Anstelle von Sonnenblumenkernen können Pinien-, Walnuss-, Kürbiskerne verwendet werden. Auf Verbrauchsdatum achten, da Nüsse schnell ranzig werden.

Kräuter	Seite	Geschmack					Verwendete Teile			
		würzig	scharf	süß	bitter	sauer	Blätter	Blüten (-knospen)	Junge Triebe	Früchte
Frauenmantel, Silbermantel	101				●		●	●	●	
Guter Heinrich, Gänsefuß	126				●		●		●	●
Habichtskraut	142	●			●		●	●		
Taubnessel	147	●		❀		●	●	●	●	
Liebstock	156	●					●	●	●	●
Dost	162	●	●		●		●	●	●	
Knöterich	173					●	●	●		●
Leimkraut, Klatschnelke	193			●	●		●	●	●	
Klee	202			❀	●	●	●	●	●	

Zutaten für 4–6 kleinere Gläser
Zubereitungszeit: 15–20 Minuten

Falsche Kapern

Schnittlauch *(Allium)*

5 Handvoll Knospen	am Morgen und frühen Vormittag sammeln, da die Knospen vollständig geschlossen sein sollten
	Knospen putzen, waschen und trocken tupfen, dann in großes Glas mit Schraubverschluss oder Einmachglas geben
5 dl Essig	eher hellen, schmackhaften Essig, wie Weißweinessig oder weißen Balsamico, verwenden (gute Qualität)
	Glas mit Essig auffüllen.
1–2 TL Salz	dazugeben, gut umrühren oder schütteln
	Glas 4 Wochen kühl lagern, dann Inhalt in kleinere Gläser umfüllen.

TIPP **Den Bergkräuterknospen können auch andere Pflanzenknospen beigefügt werden, z. B. Löwenzahn, Kapuzinerkresse. Vom Mauerpfeffer nur wenig nehmen.**

		Geschmack					Verwendete Teile			
Kräuter	Seite	würzig	scharf	süß	bitter	sauer	Blätter	Blüten (-knospen)	Junge Triebe	Früchte
Schnittlauch	105	●	●					●		
Maßlieb(chen)	112				●	●		●		
Pippau	128				●			●		
Habichtskraut	142	●			●			●		
Milchkraut	153	●			●			●		
Wiesenknopf	188	●			●			●		
Mauerpfeffer	191		●				●			
Leimkraut, Klatschnelke	193			●	●			●		

PFLANZEN-PORTRÄTS

GERUCH

Schwach aromatisch

GESCHMACK

Aromatisch, etwas bitter (bei älteren Blättern zunehmend); herb-scharf bis muskatähnlich

ERKENNUNGSMERKMALE

- Im Frühling zuerst eine Blattrosette sichtbar
- Zäher und innen markhaltiger Stängel
- Viele gefiederte Laubblätter
- Scheindoldiger Blütenstand mit vielen kleinen, körbchenförmigen Teilblütenständen
- Einzelblüte mit vielen Röhrenblüten
- Nur 5 Zungenblüten, im äußeren Teil leicht eingeschnitten
- Flugfrüchte mit 2 Rippen

Achillea Schafgarbe Asteraceae

VOLKSTÜMLICHE NAMEN

Achillea millefolium: Almkamille, Bauchwehkraut, Blutstillkraut, Feldgarbe, Frauenkraut, Tausendblatt

Achillea atrata: Hallers Schafgarbe

Achillea herba-rotta: Ivapflanze

In der Gattung *Achillea* gibt es weltweit rund 200, im Alpenraum zwanzig Arten, wobei nur *A. millefolium, A. atrata* und *A. herba-rotta* subsp. *moschata* häufig anzutreffen sind.

Gewöhnliche Wiesen-Schafgarbe
(*Achillea millefolium* L.)

Die Pflanze bildet viele, flach verlaufende, unterirdische Ausläufer. Die grundständigen Blätter sind 1,5–3,5 cm breit. An den obersten 12 cm des Stängels unter dem Blütenstand sitzen 3–6 kleinere gefiederte Blätter. Die Mittelrippe der Stängelblätter ist kaum geflügelt und nicht gezähnt. Die Blattabschnitte sind wenig aufgestellt, bis auf den Mittelnerv geteilt. Die vielen Früchte (Achänen ohne Pappus) sind 1,5–2 mm lang.

15–60 cm, selten bis 100 cm

4–8 mm (Einzelblüte)
4–15 cm (Blütenstand)
Mai–September

Kollin und montan, subalpin und seltener alpin; bis 1800 m
Ganzes Alpengebiet und Jura
Wiesen, Weiden, Wegränder, Schuttplätze

Schwarze Schafgarbe
(*Achillea atrata* L.)

Die ganze Pflanze ist zerstreut behaart und kaum aromatisch. Die 6–12 nur 1 mm breiten, fiederschnittigen Blätter sind 3- bis 5-mal so lang wie breit. Sie weisen meistens 1- bis 5-teilige Zipfel auf. Die 3–10 Blüten sitzen in einer doldigen Traube. Die Zungenblüten sind weiß, die Röhrenblüten gelblich. Die 6–8 mm langen Hüllblätter sind schwarz berandet. Die 2 mm langen Früchte tragen keinen Pappus.

5–25 cm

10–20 mm
Juli–September

Selten subalpin, alpin; 1300–3000 m, am Finsteraarhorn (CH) auf 4300 m anzutreffen!
Alpen ohne die westlichen Teile
Häufig auf Kalkschuttfluren

Moschus-Schafgarbe
(*Achillea erba-rotta* subsp. *moschata* VACC.)

Sie ist ähnlich wie *A. atrata,* aber stark aromatisch riechend. Die meisten Blattzipfel sind ungeteilt, nur die vorderen 1- bis 3-zähnig. Die braun berandeten Hüllblätter sind nur 4–5 mm lang.

 10–20 cm

 8–14 mm
Juni–August

 Selten kollin und montan, selten subalpin, alpin; 1500–3400 m
Alpen, ohne die westlichen Teile
Häufig auf alpinen Silikatschuttfluren

WISSENSWERTES

Der Name «Schafgarbe» kommt daher, dass die Schafe gerne die Blätter fressen, die Stängel und Blütenstände aber stehen lassen, die dann wie Garben aussehen.
Der Sage nach soll der griechische Held Achilles im Trojanischen Krieg die Wunden des verletzten Königs Telephus mit Schafgarbe behandelt und ihn so gerettet haben. Die Artbezeichnung millefolium bedeutet Tausendblatt.
Der Spruch «Schafgarb im Leib tut wohl jedem Weib» stammt aus dem Mittelalter und verweist auf die lindernde Wirkung von Schafgarbe bei Menstruationsbeschwerden.
Die Früchte werden wegen der fest sitzenden, elastischen Spreublätter durch vorbeistreifende Tiere und Menschen katapultartig weggeschleudert. Die Samen sind über zwanzig Jahre lang keimfähig.

Ein paar frische, kleine Blätter der Schafgarbe einige Zeit im Mund gekaut, lindern Zahnfleischentzündungen und helfen auch bei leichten Magenschmerzen oder Sodbrennen. Schafgarbe als Beigabe zu fetten Speisen hilft bei der Verdauung. Aus einigen zerstampften Blättern kann man bei Blasen und leichten Schürfungen einen Verband machen, der zur Wundheilung beiträgt.

VERWENDUNG IN DER KRÄUTERKÜCHE

Sammelgut

Junge Blätter oder Triebe, Blüten und Blütenknospen

Rezepte

Kleine Vorspeisen .... S. 37
Suppen....................................... S. 42, 44
Salate... S. 47, 48
Nudel-/Getreidegerichte............ S. 53–57
Fleischgerichte........................... S. 59, 62
Gemüsegerichte.......................... S. 65–69
Eierspeisen .... S. 71, 73
Milch-/Käsespeisen.............. S. 77, 78, 81
Spezielles.. S. 91

GERUCH

Würzig nach Minze, Thymian und Bohnenkraut

GESCHMACK

Würzig, etwas scharf, nach Bohnenkraut und Minze

ERKENNUNGSMERKMALE

- Ausdauernde Pflanze, z. T. unten verholzt
- Niederliegender oder aufsteigender Wuchs
- Eiförmige bis lanzettliche Blätter
- Blüten in Scheinquirlen in den Blattwinkeln
- Unterlippe deutlich länger als Oberlippe
- Kelch röhrenförmig und zweilippig

Acinos Steinquendel **Lamiaceae**

VOLKSTÜMLICHE NAMEN

Alpen-Saturei, Bergbasilie, Bergminze, Blauer Bergthymian, Steinpoley, Steinquadel, Wild Basilien, Wild Kirch Ysop

Die Gattung *Acinos* umfasst je nach Systematik 10 bis 46 Arten.
Im Alpenraum sind nur der hier beschriebene Alpen-Steinquendel und der seltene Feld-Steinquendel vertreten.

Alpen-Steinquendel
(*Acinos alpinus* MOENCH)

Der Alpen-Steinquendel hat einen niederliegenden bis aufsteigenden Wuchs und kann unten verholzen. Die 1–2 cm langen, eiförmigen bis lanzettlichen Blätter sind kurz gestielt mit nur wenigen kurzen Zähnen. Die Blüten sitzen als Scheinquirle in den oberen Blattwinkeln. Die Oberlippe ist 2-teilig und flach, die Unterlippe 3-teilig und deutlich länger. Der zweilippige Kelch ist bräunlich, röhrenförmig und in der Mitte verengt.

5–25 cm

12–20 mm
Juni–September

Selten kollin und montan;
subalpin und seltener alpin;
800–2700 m
Ganzes Alpengebiet und Jura
Kalkhaltige Felsen und steinige Hänge; oft dominante Art auf Blaugrasheiden

WISSENSWERTES

Der Alpen-Steinquendel wird von Bienen, Hummeln und Tagfaltern bestäubt. Er ist mit dem Bohnenkraut *(Satureja montana)* eng verwandt und hieß früher Satureja alpina. Er ist eine beliebte Steingartenpflanze, versamt sich oft selbst und bildet größere Horste.

Einige junge Triebe des Alpen-Steinquendels können gekaut als Hilfe bei leichten Magenbeschwerden oder auch bei leichten Halsschmerzen eingesetzt werden.

VERWENDUNG IN DER KRÄUTERKÜCHE

Sammelgut

Ganze Pflanze, ohne den unten z. T. verholzten Teil, oder nur die kleinen Blätter

Der Alpen-Steinquendel kommt selten auch in tieferen Lagen vor und sollte dort wie auch sein Verwandter, der Feld-Steinquendel, nicht gepflückt werden.

Rezepte

Kleine Vorspeisen .... S. 36, 37
Suppen....................................... S. 43, 44
Salate...................................S. 48, 49, 51
Nudel-/Getreidegerichte............. S. 54, 56
Fleischgerichte............................S. 60, 61
Eierspeisen ....S. 71
Milch-/Käsespeisen ....S. 77–79, 81

GERUCH
Nahezu geruchlos

GESCHMACK
Mild kohlrabiartig; leicht bitter, zusammenziehend

ERKENNUNGSMERKMALE
- Ausdauernde, krautige Pflanze, unten z. T. verholzt am Boden aufliegend
- Behaarung unterschiedlich, zum Teil dicht behaart
- Blätter gelappt und mehr oder weniger eingeschnitten
- Blattränder gezähnt und entweder hellgrün oder silbern
- Nebenblätter oft mit dem Blattstiel verwachsen
- Kleine, unscheinbare Blüten in vielen Köpfchen, ohne Kronblätter

Alchemilla Frauenmantel **Rosaceae**

VOLKSTÜMLICHE NAMEN
Frauenhilf, Frauenrock, Hasenmänteli, Herrgottsmänteli, Liebfrauenmantel, Marienmantel, Muttergotteskraut, Parisol, Perlkraut, Silbermänteli, Sonnenblätter, Taufänger

Die Gattung *Alchemilla* umfasst weltweit rund 1000 Arten, wovon 300 in Europa vorkommen. Im Alpenraum gibt es elf Arten, wovon nur die drei hier beschriebenen in der subalpinen und alpinen Höhenstufe im gesamten Alpengebiet häufig vorkommen.

Gemeiner Frauenmantel
(*Alchemilla xanthochlora* aggr.)

Die Pflanze bildet kräftige, kurze Rhizome, die z. T. an der Oberfläche sichtbar sind. Die grundständigen Blätter sind nur im äußersten Drittel 5- bis 9-, selten bis 11-lappig. Sie sind nieren- oder kreisförmig und bis 20 cm breit. Die Lappen sind halbkreisförmig bis dreieckig, mit behaarten Zähnen. Die Haare an Stängel und Blattstielen stehen größtenteils senkrecht ab, die Blütenstiele hingegen sind kahl.

20–60 cm

2–4 mm
Mai–August

Kollin und montan; subalpin und alpin; bis 2000 m
Alpen und Jura
An Bachufern und Gräben, in Gebüschen, auf frischen bis feuchten Wiesen und Böschungen; dominante Art auf subalpin-alpinen Trittfluren

Kalk-Silbermantel
(*Alchemilla conjuncta* aggr.)

Der Kalk-Silbermantel ist aufrecht, ohne niederliegende Seitentriebe. Die grundständigen Blätter sind 7- bis 9-teilig und die Teilblätter am Grund verwachsen. Die Blätter sind unterseits dicht silberglänzend behaart, oberseits matt und am Rand gezähnt. Die Blütenstiele sind 1–6 mm, die Blüten 2–4 mm lang. Die Blüten haben keine Tragblätter.

10–30 cm

2–4 mm
Juni–September

Montan, subalpin und seltener alpin; bis 2300 m
Alpen und Jura
Magere Rasen, Weiden, Felsen und Felsschutt; häufige Art auf Blaugrasheiden

Silikat-Silbermantel
(*Alchemilla alpina* aggr.)

Der Silikat-Silbermantel hat im Gegensatz zum Kalk-Silbermantel sterile, niederliegende Seitentriebe. Die grundständigen Blätter sind nur 5- bis 7-teilig, die mittleren Teilblätter bis zum Grund getrennt oder höchstens 3 mm verwachsen. Die Blätter sind beidseits dicht silberglänzend behaart. Die Blüten sitzen in dichten Knäueln und haben Tragblätter. Die Blütenstiele sind nur 0,5–2 mm lang.

 10–30 cm

 2–4 mm
Juni–August

 Montan, subalpin und alpin; 1300–2600 m
Alpen, ohne östlichste und südöstlichste Gebiete
Magerer Rasen und Felsen; kalkmeidend; häufige Art auf Borstgrasrasen

WISSENSWERTES

Der botanische Gattungsname *Alchemilla* kommt daher, dass die Alchimisten im Mittelalter (erfolglos) versuchten, aus den Guttationströpfchen auf den Blättern des Frauenmantels Silber herzustellen.

Bei Schürfungen und anderen leichten Verletzungen sowie leichten Prellungen und Quetschungen hilft ein Verband über gequetschten Blättern des Frauenmantels. Bei Nasenbluten können einige gequetschte Blätter in die Nase gestopft werden, was die Blutung stillen hilft. Ein paar lange gekaute und geschluckte Blätter helfen bei leichten Magen- und Darmerkrankungen sowie Blähungen. Sie sind auch nützlich bei leichten Entzündungen im Mund- und Rachenbereich.

VERWENDUNG IN DER KRÄUTERKÜCHE

Sammelgut

Junge Blätter und Triebspitzen; Blütenstände

Rezepte

Kleine Vorspeisen .... S. 37
Fleischgerichte .... S. 60
Eierspeisen .... S. 72, 73
Milch-/Käsespeisen .... S. 77, 80
Spezielles .... S. 91, 92

GERUCH

Scharf zwiebel-lauchartig; aromatisch (nach Reiben)

GESCHMACK

Scharf zwiebel-lauchartig; aromatisch; würzig; Samen pfeffrig scharf

ERKENNUNGSMERKMALE

- Ausdauernde, krautige Pflanze
- Eiförmige bis zylindrische Zwiebel
- Viele Tochterzwiebeln (horstartig)
- Grasartige Blätter
- Kugelige Scheindolde mit vielen Blüten
- Blütenblätter mit dunklem Mittelnerv
- Kugelige Kapselfrucht mit 6 Samen

Allium Lauch **Amaryllidaceae**

VOLKSTÜMLICHE NAMEN

Bergzwiebel, Binsenlauch, Brislauch, Fleischlauch, Graslauch, Grusenich, Jakobszwiebel, Johannislauch, Schnittling

Die Gattung *Allium* umfasst insgesamt rund 940 Arten, wovon im Alpenraum rund dreißig Arten vorkommen. Darunter ist nur der hier beschriebene Schnittlauch in der subalpinen oder alpinen Höhenstufe häufig anzutreffen.

Schnittlauch
(*Allium schoenoprasum* L.)

Die eiförmige Zwiebel ist von dünnen Häuten umgeben. Daraus treiben 1–2 grüne, im Querschnitt runde, röhrige und glatte Laubblätter. Infolge vieler Tochterzwiebeln erscheint der Schnittlauch oft als vielblättriger Horst. Die kugelige, dichte Scheindolde enthält 30–50 Blüten. Die Blütenstiele sind kürzer als die Blütenblätter. Auffällig ist bei den Blütenblättern der dunkle Mittelnerv.

10–30 cm, selten bis 50 cm

7–13 mm (Einzelblüten)
1–3 cm (Blütenstand)
Mai–August

Selten kollin; montan, subalpin und alpin; bis 2600 m
Ganzes Alpengebiet und Jura
Feuchte Wiesen, Bachufer, Flachmoore; häufige Art auf kalkreichen Kleinseggenrieden und in alpinen Kalkschuttfluren

WISSENSWERTES

Der botanische Namen des Schnittlauchs *schoenoprasum* kommt von griech. *schoinos* = Binse und *prasos* = Lauch, wegen der Blattform.
Schnittlauch wird in Mitteleuropa seit dem Mittelalter, in China seit über 5000 Jahren kultiviert. Es gibt verschiedene, z.T. auch weiß blühende Kultursorten.

Schnittlauch hat als Beigabe zu Speisen eine appetitanregende und verdauungsfördernde Wirkung.

VERWENDUNG IN DER KRÄUTERKÜCHE

Sammelgut

- Blätter (vor der Blüte)
- Blütenknospen (als «falsche» Kapern)
- Samen

Im gewissen Gebieten Deutschlands ist der wild wachsende Schnittlauch regional geschützt. Im Schweizer Jura ist er eher selten und sollte nur mit Bedacht geerntet werden.

Rezepte

Kleine Vorspeisen .... S. 35–37
Suppen.. S. 41, 43
Fleischgerichte.................................. S. 59
Gemüsegerichte................................ S. 69
Eierspeisen .... S. 75
Milch-/Käsespeisen .... S. 77, 79, 81
Spezielles... S. 91

GERUCH

Nur schwach, manchmal etwas süßlich

GESCHMACK

Weiche, junge Triebspitzen leicht bitter und etwas eigenartig, zusammenziehend

ERKENNUNGSMERKMALE

- Ausdauernde, krautige Pflanze
- Unpaarig gefiederte Stängelblätter
- Stumpfes Endteilblatt, länger als übrige Blätter
- Stark behaarte Blüten
- Staubblätter zu Röhre verwachsen
- Früchte: Nüsschen

Anthyllis Wundklee Fabaceae

VOLKSTÜMLICHE NAMEN

Apothekerklee, Badennöchli, Bärenpratzen, Bergkraut, Frauenkapperl, Frauentreu, Gichtblume, Goldknopf, (Heidnisch) Wundkraut, Herrgottsschühlein, Katzenklee, Watteblume, Wollklee

Die Gattung *Anthyllis* umfasst weltweit rund dreißig Arten. Die Artengruppe *Anthyllis vulneraria* umfasst im gesamten Alpengebiet acht Unterarten, die nur schwer zu unterscheiden sind. Die zwei häufigsten werden hier vorgestellt.

Alpen-Wundklee

(*Anthyllis vulneraria* subsp. *alpestris* ASCH & GRAEBN.)

Der Alpen-Wundklee besitzt 1–3 unpaarig gefiederte Stängelblätter. Das stumpfe Endteilblatt ist dabei bis doppelt so lang und 2- bis 3-mal so breit wie die seitlichen Teilblätter. Die Blüten sind stark behaart. Der Kelch ist 4–7 mm dick. Die Hüllblätter sind nur bis etwa zur Mitte geteilt, oft mit stumpfen Zipfeln. Die 10 Staubfäden sind zu einer Röhre verwachsen. Die Früchte sind 4–5 mm lange Nüsschen.

8–20 cm

15–20 mm (Einzelblüte)
3–4 cm (Blütenstand)
Mai–September

Subalpin und alpin; 1500–2700 m, selten bis 3000 m
Ganzes Alpengebiet und Jura
Kalkhaltige, steinige und trockene Rasen und Weiden; oft dominante Art auf Blaugrasheiden

Gewöhnlicher Wundklee

(*Anthyllis vulneraria* L.)

Im Gegensatz zum Alpen-Wundklee ist das Endteilblatt der oberen Stängelblätter nur 1- bis 1,3-mal so lang wie die seitlichen und nur wenig breiter als diese. Die Blüten können einen Stich ins Rosa aufweisen und die Schiffchenspitze ist purpurn.

15–40 cm

14–18 mm (Einzelblüte)
3–4 cm (Blütenstand)
Mai–September

Kollin und montan, subalpin; 500–1500 m
Alpen und Jura
Trockenwiesen, lichte Wälder

WISSENSWERTES

In der Volksmedizin zählt der Wundklee zu den «Beschreikräutern». In Böhmen gab man dem beschrieenen, verhexten Vieh einen Absud aus Wundklee oder räucherte mit ihm die jungen Gänse. In der Gegend um Schaffhausen (CH) gab man den Kühen Wundkleetee, um das Kalben zu erleichtern. In Mähren sollten die an Johanni (24. Juni) gepflückten Pflanzen Schafe vor dem Beschreien schützen.

Mit der starken Behaarung schützt sich der Wundklee vor dem Austrocknen. Er kann wie viele Schmetterlingsblütler (Fabaceae) aus der Luft Stickstoff binden und ist deshalb auch ein Rohbodenpionier. Hilfreich ist ihm dabei auch die tief reichende Pfahlwurzel. Wegen der relativ langen Blütenröhre ist der Nektar nur langrüsseligen Insekten zugänglich.

Der Name «Wundklee» kommt von den bei gewissen Unterarten rot gefärbten Schiffchenspitzen, die an Blut erinnern. Die Rotfärbung kann daran erinnern, dass die Pflanze zur Wundbehandlung eingesetzt wird. Die im Wundklee enthaltenen Gerbstoffe scheinen wesentlich zur Wirkung beizutragen, allerdings nur bei kleineren Schürfungen oder Hautverletzungen. Auch bei kleineren Blasen können die zerquetschen Blätter direkt auf die Wunde gelegt und mit einer sterilen Gazebinde verbunden werden. Ein paar lange gekaute Blätter helfen bei Zahnfleisch- und Rachenentzündungen sowie bei Husten. Bei Lippenbläschen (Herpes) kann ein zerquetschtes Blatt auf die betroffene Stelle aufgelegt oder leicht einmassiert werden.

Alpen-Wundklee *(Anthyllis vulneraria* subsp. *alpestris)*

VERWENDUNG IN DER KRÄUTERKÜCHE

Sammelgut

Junge Triebspitzen mit den Blättern oder nur Blüten

Rezepte

Suppen .... S. 43
Salate .... S. 48
Fleischgerichte .... S. 61
Eierspeisen .... S. 72, 73

GERUCH

Nach Kresse

GESCHMACK

Kresseartig, aromatisch; Samen scharf

ERKENNUNGSMERKMALE

- Krautige Pflanze
- Aufrechte Stängel meist deutlich behaart
- Blätter der grundständigen Rosette kurz gestielt
- Stängelblätter den Stängel umfassend
- Blattrand mehr oder weniger gezähnt
- Blütenstand traubig
- Blüten mit 4 Kelch-/Kronblättern
- Früchte: gerade, einreihige Schoten

Arabis Gänsekresse **Brassicaceae**

VOLKSTÜMLICHE NAMEN

Alpenkresse, Bergkresse

Die Gattung *Arabis* umfasst weltweit rund siebzig und in Europa rund dreißig Arten, wobei 19 im Alpenraum vorkommen. Von diesen sind nur die hier beschriebenen drei Arten häufig in der subalpinen und alpinen Zone anzutreffen.

Gewöhnliche Alpen-Gänsekresse
(*Arabis alpina* L.)

Die Gewöhnliche Alpen-Gänsekresse ist meistens abstehend verzweigt. Sie besitzt auch sterile Rosetten (ohne Blüten). Der Stängel ist sternhaarig. Die grundständigen Blätter sind kurz gestielt und breit oval grob gezähnt, mit bis über 10 Zähnen. Daneben besitzt jeder Stängel 3–10 Stängelblätter mit kurzen Zipfeln, die den Stängel am Grund herzförmig umfassen. Die weißen Kronblätter sind 6–10 mm lang. Die Früchte sind kahle, aufrecht abstehende Schoten und 2–4 cm, selten bis 6 cm lang.

 5–30 cm

 8–11 mm
März–Oktober

 Selten kollin; montan, subalpin und alpin; 1200–3300 m
Ganzes Alpengebiet und Jura
Häufig auf Geröll in Kalkschuttfluren

Bewimperte Gänsekresse
(*Arabis ciliata* CLAIRV.)

Die bewimperte Gänsekresse wird nur 5–30 cm hoch und besitzt lediglich 4–10 entfernt stehende, ganzrandige Stängelblätter mit breitem Grund am Stängel sitzend. Der dicht gedrängte Blütenstand ist oft etwas überhängend. Die Früchte sind bis 2,5 cm lang, die unteren den Blütenstand überragend.

 5–30 cm

 3–6 mm
April–Juli

 Selten kollin und montan; subalpin und seltener alpin; bis 2800 m
Magere Wiesen und Weiden; Charakterart auf Blaugrasheiden, auch häufig auf Windkantenrasen

Bach-Gänsekresse
(*Arabis subcoriacea* GREN.)

Die Pflanze ist unverzweigt und kahl. Die grundständigen Blätter sind kurz gestielt, oval, glänzend, ganzrandig oder wenig gezähnt. Die 5–12 Stängelblätter umfassen den Stängel nur wenig oder sitzen auf ihm. Die weißen, 6–7 mm langen Kronblätter stehen in kleinen Trauben. Die Früchte (Schoten) sind 3–7 cm lang und 1,5 cm breit, auf einem kurzen Stiel aufrecht anliegend.

10–30 cm

6–9 mm
Juni–September

Selten montan; subalpin und alpin; bis 3000 m
Alpen (ohne westlichste Gebiete)
Bachgeröll; Charakterart auf kalkreichen Quellfluren

WISSENSWERTES

Der Gattungsname *Arabis* könnte daher kommen, dass man früher vermutete, die Pflanze stamme ursprünglich aus dem arabischen Raum. Dort kommt sie aber nicht vor. Wahrscheinlicher ist eine Entstellung aus dem früheren Gattungsnamen *Draba*.

Mit ihren Scharfstoffen kann die Gänsekresse als Beigabe zu Speisen die Verdauung fördern sowie zur Wasserausscheidung der Nieren beitragen.

VERWENDUNG IN DER KRÄUTERKÜCHE

Sammelgut

Blätter, junge Triebe; Blüten und Blütenknospen; Samen

Rezepte

Kleine Vorspeisen .... S. 35
Suppen .... S. 42
Salate .... S. 49
Eierspeisen .... S. 74, 75
Milch-/Käsespeisen .... S. 81
Spezielles .... S. 90

GERUCH
Blüten süßlich

GESCHMACK
Blüten leicht säuerlich und aromatisch, leicht nussig, nach Feldsalat; rau-stechender Nachgeschmack; Blätter herb bis leicht bitter

ERKENNUNGSMERKMALE
- Ausdauernde, krautige Pflanze
- Mit Rhizom
- Rosette mit gestielten, verkehrt ei- bis löffelförmigen Laubblättern
- Viele gestielte Blüten, sich gegen Abend schließend
- Blütenkörbchen (3–4 Reihen) mit bis 90 Zungenblüten und bis 80 Röhrenblüten
- Flugfrüchte am Rand mit 2 Rippen

Aster/Bellis Maßlieb(chen) Asteraceae

VOLKSTÜMLICHE NAMEN
Angerblumen, Gänsebürstli, Himmelblume, Katzenblümlein, Mädchenblume, Magdelieb, Maifüßchen, Marienblume, Müllerblume, Peterblümchen, Ringelröslein, Schafblüemli, Tausendschön

Die Gattung *Aster* umfasst rund 180 Arten, wovon im Alpenraum nur sieben vorkommen. Häufig im ganzen Alpenraum anzutreffen ist das Alpenmaßlieb.
Die Gattung *Bellis* umfasst zwölf Arten, wovon zwei im Alpenraum vorkommen. Nur das Maßliebchen ist häufig.

Alpenmaßlieb
(*Aster bellidiastrum* SCOP.)

Die länglichen, verkehrt eiförmigen Blätter stehen in einer grundständigen Rosette. Sie sind lang gestielt, stumpf gezähnt mit einem aufgesetzten Spitzchen. Aus der Rosette kommen mehrere blattlose, einköpfige Stängel, die von unten nach oben dichter abstehend behaart sind. Die Hüllblätter sind lang zugespitzt. Der Boden des Blütenkopfes ist gewölbt und nicht hohl. Die 2–3 mm langen Früchte tragen ca. 3 mm lange Pappusborsten.

 5–25 cm

 20–35 mm
Mai–Juni

 Selten kollin; montan, subalpin und alpin; 900–2800 m
Ganzes Alpengebiet und Jura
Feuchte Waldstellen, Felsbänder, Rutschhänge; häufig auf kalkreichen Kleinseggenrieden und Rostseggenhalden

Maßliebchen
(*Bellis perennis* L.)

Die verkehrt eiförmigen Blätter in der Rosette sind stumpf gezähnt und verschmälern sich in den Stiel. Der Stängel ist blattlos und einköpfig, nur wenig behaart. Die Hüllblätter sind stumpf oder kurz zugespitzt. Der Boden des Blütenkopfes ist kegelförmig und hohl. Die nur 1 mm langen Früchte tragen keinen Pappus.

 5–15 cm

 15–20 mm
Januar–Dezember

 Kollin und montan, subalpin und seltener alpin; bis über 2000 m
Alpen und Jura
Wiesen, Weiden, Rasen

Alpenmaßlieb *(Aster bellidiastrum)*

WISSENSWERTES

Das Maßliebchen ist weltweit in wintermilden Gebieten anzutreffen. Es ist eine der wenigen Pflanzen, die das ganze Jahr hindurch blühen. Im Gegensatz dazu blüht das Alpenmaßlieb nur im Mai und Juni. Nachts und bei schlechtem Wetter schließen sich die Blüten durch stärkeres Wachstum der Hüllblatt-Außenfläche. Dieser Mechanismus lässt sich auch beobachten, wenn man die Zungenblüten mehrfach mit dem Finger anstößt. Die vegetative Vermehrung erfolgt durch viele kurze Ausläufer, die Tochterrosetten bilden und sich dann von der Mutterpflanze ablösen.
Früher der Frühlingsgöttin Freya gewidmet, wurde das Gänseblümchen im christlichen Glauben der Jungfrau Maria zugeordnet. Es soll der Legende nach den Tränen der Maria entsprossen sein. Die rötliche Färbung der Zungenblüten soll durch einen Blutstropfen Marias entstanden sein.

Wie andere Wildkräuter haben die Blätter und Blüten des Maßliebchens eine verdauungsfördernde und stoffwechselanregende Wirkung. Ein paar zerquetschte Blätter und Blüten können auf kleine Wunden aufgelegt werden. Ein Verband damit kann Muskelkater lindern helfen.

VERWENDUNG IN DER KRÄUTERKÜCHE

Sammelgut

Blattrosetten; Blüten (halb geöffnete am mildesten); Knospen; Samen

Rezepte

Kleine Vorspeisen .... S. 39
Suppen .... S. 45
Gemüsegerichte .... S. 67
Milch-/Käsespeisen ....S. 79, 81
Spezielles .... S. 93

GERUCH

Aromatisch;
Blüten süßlich

GESCHMACK

Herb-aromatisch bis süß

ERKENNUNGSMERKMALE

- Reich verzweigter, kleiner Halbstrauch (unten verholzt)
- Tief reichende Wurzeln
- Immergrüne, ledrige Blätter, gegenständig und ziegelartig angeordnet
- Traubiger, dichter Blütenstand
- Kelchblätter doppelt so lang wie Kronblätter
- Grünvioletter Außenkelch
- Frucht: Kapsel

Calluna Besenheide **Ericaceae**

VOLKSTÜMLICHE NAMEN

Breusch, Kornheide, Kuhheide, Sefenbaum, Segelbaum, Segenbaum, Tannenmyrte, Zwergheide

Calluna vulgaris ist die einzige Vertreterin dieser Gattung. Sie kann unter Umständen mit der Schneeheide *(Erica carnea)* verwechselt werden, die aber im Winter und Frühling blüht. Da sie zum Teil gefährdet ist, sollte sie nicht gepflückt werden.

Besenheide
(*Calluna vulgaris* L.)

Der kleine Strauch ist reich verzweigt, bogig aufsteigend, am unteren Teil verholzt. Die tief reichenden Wurzeln sind weit verzweigt. Die immergrünen, nur 1–3 mm langen, ledrigen Blätter sind 4-zeilig, gegenständig und dachziegelartig angeordnet. Der Blütenstand ist traubig, dicht- und vielblütig. Die Blüten sind 4-zählig, wobei die Blütenblätter von den Kelchblättern um das Doppelte überragt werden. Die Frucht ist eine kugelige, ca. 2 mm große Kapsel.

 10–50 cm, selten bis 90 cm

 2–3 mm
Juli–November

 Kollin und montan, subalpin und alpin; 400–2500 m, selten bis 2800 m
Alpen und Jura
Kalkmeidend; häufige Art auf offenen Hochmooren und trockenen subalpinen Zwergstrauchheiden

WISSENSWERTES

Der botanische Gattungsname *Calluna* kann von griech. *kallynein* = putzen, reinigen abgeleitet werden. Im deutschen Namen (Besenheide) ist ja das Putzgerät ebenfalls enthalten!
Die Besenheide wächst sehr langsam und kann bis 40 Jahre alt werden. Mit den gerodeten und als Schafweiden genutzten Flächen hat sie an Verbreitung gewonnen. An den tief reichenden Wurzeln sitzen spezielle Mykorrhiza-Pilze, die mit der Pflanze eine Symbiose eingehen. An den Zweigen wachsen ab und zu Wurzeln heraus und bilden sogenannte Legtriebe. Die zähe Besenheide überlebt sogar leichte Brände und wird dadurch im Wachstum gefördert.

Ein paar frische, junge Triebe können als Auflage bei kleinen Schürfungen und Wunden verwendet werden.

VERWENDUNG IN DER KRÄUTERKÜCHE

Sammelgut

Blühende Zweigspitzen inklusive der Blütenknospen

Rezepte

Milch-/Käsespeisen .... S. 79
Desserts .... S. 83–87
Spezielles .... S. 89

GERUCH
Kaum wahrnehmbar

GESCHMACK
Mild, nach Erbsen;
junge Triebe süßlich und etwas nussig

ERKENNUNGSMERKMALE
- Ausdauernde, krautige Pflanze
- An den Blatträndern kleine, weiße Drüsen
- Krone trichter- bis glockenförmig, mit 5 Zipfeln
- Blütenstände locker traubenförmig
- Fruchtknoten unterständig
- Fruchtkapsel verkehrt kegelförmig; sich am Grund mit 3 Löchern öffnend

Campanula Glockenblume **Campanulaceae**

VOLKSTÜMLICHE NAMEN
keine bekannt

Die Gattung *Campanula* umfasst weltweit zwischen 300 und 500 Arten, wovon im Alpenraum über vierzig vorkommen. Mit Ausnahme dreier gelblicher Arten sind alle anderen blau. Im ganzen Alpenraum subalpin und alpin verbreitet sind nur die drei hier beschriebenen Arten.

Rundblättrige Glockenblume
(*Campanula rotundifolia* L.)

Diese Pflanze bildet dünne, unterirdische Ausläufer. Am Grund befindet sich eine sterile Blattrosette mit gestielten, rundlichen bis herzförmigen Blättern. Deren Rand ist gezähnt. Die Blätter am Stängel sind länglich eiförmig bis lineal lanzettlich und ganzrandig, die untersten sind deutlich gestielt. Die zahlreichen Blütenknospen sind meistens aufrecht, die offenen Blüten waagrecht oder leicht nickend. Die Früchte sind nickend und kahl.

 10–40 cm, selten bis 60 cm

 10–20 mm
Mai–September

 Kollin und montan, subalpin und seltener alpin; bis 2100 m
Alpen und Jura
Häufige Art auf trockenen Kalkfelsfluren und Serpentingesteinsfluren

Scheuchzers Glockenblume
(*Campanula scheuchzeri* VILL.)

Sie ist vom Aussehen her ähnlich wie *C. rotundifolia,* aber ohne sterile Blattrosette. Der Stängel ist ein- bis wenigblütig. Die untersten Stängelblätter haben ebenso wie die oberen keinen Stiel und sind am Grund bewimpert. Die Blütenkronen sind mit bis zu 35 mm meistens länger als bei *C. rotundifolia.* Die Blütenknospen sind nickend.

 8–40 cm

 15–30 mm, selten bis 35 mm
Juni–August

 Selten montan; subalpin und alpin; 1400–3300 m
Alpen und Jura
Häufige Art auf Blaugrasheiden und Borstgrasrasen

Niedliche Glockenblume
(*Campanula cochleariifolia* LAM.)

Sie wächst oft rasig und bildet sterile Rosetten. Die grundständigen Blätter sind breit eiförmig bis rundlich, sich in den Stiel verschmälernd, gezähnt und in der Blütezeit meist noch vorhanden. Der Stängel ist unten dicht, oben entfernt beblättert. Die unteren Stängelblätter sind eiförmig, gezähnt und meist gestielt, während die oberen lineal sind. Die Blüten sind einzeln oder in armblütigen Trauben. Die Krone ist hell- bis lilablau. Die Blüten sind nickend, ebenso die kahlen Früchte.

 5–15 cm

 10–18 mm
Juni–August

 Selten kollin; montan, subalpin und alpin; 600–3000 m
Alpen und Jura
Felsen und Mauern; kalkliebend; häufige Art auf trockenen und schattigen Kalkfelsfluren

WISSENSWERTES

Der Gattungsname *Campanula* kommt von der glockenförmigen Blütenkrone.
Die Familie der Glockenblumengewächse ist mit den Korbblütlern verwandt, enthält sie doch unter anderem ebenfalls Inulin statt Stärke als Kohlenhydratspeicher.
Die Blüten der Glockenblumen sind vormännlich, das heißt, die Pollen reifen in einer Blüte, bevor die Griffel sich entwickeln. Damit kann eine Selbstbestäubung verhindert werden. Die Blüten werden von vielen Insekten, unter anderem auch von Bienen und Hummeln, fleißig besucht.

Ein paar lange gekaute Blüten der Glockenblume können bei leichten Halsschmerzen helfen. Eine Auflage von zerquetschten Blüten hilft bei kleinen Wunden und Schürfungen.

VERWENDUNG IN DER KRÄUTERKÜCHE

Sammelgut
Junge Sprossen und Blätter; Blüten

Rezepte
Kleine Vorspeisen .... S. 39
Suppen .... S. 44, 45
Salate .... S. 48, 51
Gemüsegerichte .... S. 67, 68
Milch-/Käsespeisen .... S. 79, 81
Desserts .... S. 83–87

GERUCH

Leicht scharf, an Gartenkresse erinnernd

GESCHMACK

Scharf-stechend, bitter

ERKENNUNGSMERKMALE

- Ein- oder mehrjährige, krautige Pflanze
- Aufrechter, verzweigter Wuchs
- Grundständige Blätter
- Laubblätter gefiedert, mit stumpfen Fiederblättchen
- Blattrand glatt oder leicht gezähnt
- Weiße Blüten mit 4 Blütenblättern
- Traubige Blütenstände
- Aufrecht stehende Schotenfrüchte

Cardamine Schaumkraut **Brassicaceae**

VOLKSTÜMLICHE NAMEN

Cardamine amara: Falsche Brunnenkresse, Bitterkresse

Die Gattung *Cardamine* umfasst insgesamt rund 130 Arten, wovon im Alpenraum 22 Arten vorkommen. Subalpin und alpin häufig sind nur die beiden hier beschriebenen Arten.

Bitteres Schaumkraut
(*Cardamine amara* L.)

Die Pflanze ist aufrecht und oft unverzweigt. Sie kann kahl oder leicht behaart sein. Die Blätter besitzen 4–10 Fiederpaare mit einem größeren Endabschnitt. Die 5–10 mm langen Kronblätter haben purpurne Staubbeutel. Die geraden, stabförmigen Früchte sind bis 40 mm lang und 1–2 mm dick. Die Fruchtstiele stehen aufrecht ab. Die Samen sind in jedem Fach einreihig.

 10–60 cm

 8–15 mm
April–Juli

 Kollin und montan, subalpin und seltener alpin; 500–2000 m
Alpen und Jura
Gräben, Bäche; häufige Art auf kalkarmen Quellfluren

Resedablättriges Schaumkraut
(*Cardamine resedifolia* L.)

Die kleine, kahle Pflanze ist höchstens oben verzweigt und besitzt dünne, kriechende Ausläufer. Die unteren Blätter sind ungeteilt, die oberen fiederteilig, mit 2–6 schmalen seitlichen Abschnitten, die den Stängel mit 2 schmalen Zipfeln umfassen. Die Früchte sind 1,5–2,5 cm lang, in der Mitte 2 mm dick, gestielt und aufrecht abstehend.

 2–15 cm

 5–7 mm
Mai–August

 Subalpin und alpin; 1500–2400 m
Alpen
Felsschutt, Felsspalten, Rasen; häufige Art in alpinen Silikatschuttfluren

Bitteres Schaumkraut *(Cardamine amara)*

Resedablättriges Schaumkraut *(Cardamine resedifolia)*

WISSENSWERTES

Der deutsche Name «Schaumkraut» geht wahrscheinlich auf die Schaumzikaden (Cercopidae) zurück, die an manchen Arten häufig zu finden sind und sich zum Schutz mit einem Schaum umgeben.

Das Bittere Schaumkraut sieht ähnlich aus wie die Echte Brunnenkresse, die jedoch nur ganz selten in der subalpinen Höhenzone anzutreffen ist und keine violetten Staubbeutel hat. Zudem ist das Endfiederblatt bei der Brunnenkresse deutlich vergrößert.

Die Scharfstoffe des Schaumkrauts regen die Leber- und Gallentätigkeit an, weshalb das Kraut als Beigabe zu Speisen eine verdauungsfördernde Wirkung erzeugt. Bei Husten können einige zerkaute Blätter helfen.

VERWENDUNG IN DER KRÄUTERKÜCHE

Sammelgut

Junge Triebspitzen, vor der Blüte geerntet

Rezepte

Salate .... S. 47, 50
Fleischgerichte .... S. 60
Eierspeisen .... S. 74
Spezielles .... S. 90

GERUCH
Aromatisch (nach Kümmel!)

GESCHMACK
Würzig, schwach brennend

ERKENNUNGSMERKMALE
- Zweijährige oder ausdauernde, krautige Pflanze
- Kahl und sparrig verzweigt
- Rübenartige Wurzel
- Blätter nach oben hin feiner werdend und fiedrig
- Lockere Dolden
- Kahle Spaltfrucht, sichelförmig gebogen

Carum Kümmel **Apiaceae**

VOLKSTÜMLICHE NAMEN
Carbe, Carvi, Feldkümmel, Karbe(nsamen), Karvey, Sempulech, Wiesenkümmel

Die Gattung *Carum* umfasst rund dreißig Arten, wobei *Carum carvi* der einzige Vertreter im Alpenraum ist.
Das Laserkraut *(Laserpitium)* wird wegen seines kümmelartigen Geschmacks auch als Berg-Kümmel bezeichnet.

Wiesen-Kümmel
(*Carum carvi* L.)

Der Wiesen-Kümmel ist kahl und sparrig verzweigt. Die unteren Blätter sind 2- bis 3-fach gefiedert, länglich, mit fein zugespitzten Zähnen. Das Teilblattpaar der untersten Blätter ist auffallend nach unten abgerückt. Die oberen Blätter sind viel kleiner und feiner. Die Dolden sind 8- bis 16-strahlig. Die kahle Spaltfrucht ist 3–3,5 mm, selten bis 7 mm lang. Sie zerfällt in 2 dunkelbraune Einzelfrüchte, die leicht sichelförmig gebogen und gerippt sind.

30–60 cm, selten bis 80 cm

2–3 mm (Einzelblüte)
3–6 cm (Dolde)
Mai–August

Kollin und montan, subalpin und seltener alpin, bis 2100 m
Alpen und Jura
Wiesen und Weiden; häufige Art auf Bergfettweiden

WISSENSWERTES

Im Mittelalter wurden dem Kümmel antidämonische Eigenschaften zugetraut. So streuten Kinder die Samen unter das Bett, um Nachtgeister zu verscheuchen.
Als Nutzpflanze wurde der Kümmel bereits 3000 v. Chr. bei Pfahlbauten nachgewiesen. Er wird bereits in der Landgüterverordnung «Capitulare de villis» von Karl dem Großen (um 800) genannt und wurde auch nördlich der Alpen in Gutsbetrieben und Klöstern angebaut.
Verschiedene Raupen, zum Beispiel jene der Kümmelmotte und der Kümmelschabe, fressen die feinen Blätter.

Ein paar zerkaute Kümmelsamen helfen bei Aufstoßen, Blähungen und Völlegefühl. Des Weiteren stimulieren sie den Appetit und helfen, schlechten Mundgeruch zu vertreiben. Die Bergbauern nahmen früher beim Heuen ein paar Kümmelsamen ein, um den Durst abzumildern.

VERWENDUNG IN DER KRÄUTERKÜCHE

Sammelgut

Samen; junge Blätter; Blüten und Blütenknospen

Rezepte

Kleine Vorspeisen .... S. 36, 38
Suppen .... S. 41
Salate .... S. 50
Nudel-/Getreidegerichte .... S. 55, 56
Fleischgerichte .... S. 62
Gemüsegerichte .... S. 67, 69
Milch-/Käsespeisen .... S. 78
Spezielles .... S. 90, 91

ERKENNUNGSMERKMALE

- Ein- oder mehrjährige, krautige Pflanze
- Ausgeprägter mehliger Belag
- Stängel vielfältig verzweigt
- Große, wechselständige Blätter
- Unzählige kleine, 5-zählige Blüten in Knäueln
- Großer, rispiger Blütenstand

GERUCH

Geruchlos (die übel riechenden Gänsefußarten sollten gemieden werden)

GESCHMACK

Spinatartig mild; nussartig-herb bis bitter

Chenopodium Gänsefuß **Amaranthaceae**

VOLKSTÜMLICHE NAMEN

Hundsmelde, Schmergel, Schmerwurz, Wilde Melde, Wilder Spinat, Wirbeldost

Die Gattung *Chenopodium* umfasst insgesamt rund 170 Arten, wovon im Alpenraum 15 Arten vorkommen. Subalpin und alpin häufig sind nur die beiden hier beschriebenen Arten.

Guter Heinrich
(*Chenopodium bonus-henricus* L.)

Aus der kräftigen Wurzel sprießen meistens mehrere unverzweigte Stängel. Diese haben nur wenig Mehlstaub und kurze Haare. Die Blätter sind dreieckig-spießförmig und im unteren Teil bis 15 cm lang. Die oberen Blätter sind kleiner und kürzer gestielt.

Der endständige, rispige Blütenstand umfasst viele kurze Scheinähren und ist nur am Grund beblättert. Die kleinen Blüten sind 5-zählig, die Früchte einsamige Nüsse.

 20–60 cm , selten bis 80 cm

 2 mm
Juni–September

 Selten kollin; montan, subalpin und seltener alpin; bis 2500 m, selten bis 3000 m
Alpen und Jura
Almhütten, Lägerstellen und Wegränder; dominante Art auf alpinen Lägerfluren

Weißer Gänsefuß
(*Chenopodium album* L.)

Der Stängel verzweigt sich in viele abstehende Zweige, die dicht mit «Mehlstaub» behaftet und deshalb beidseits graugrün gefärbt sind. Zum Herbst hin ist der Stängel oft rötlich überlaufen. Die Blätter sind vielgestaltig: oval, lanzettlich oder rhombisch. Sie sind entweder unregelmäßig gezähnt oder ganzrandig, meistens 1,5-mal so lang wie breit. Die Blütenstände sind in den Blattwinkeln oder endständig.

 30–100 cm, selten bis 150 cm

 1,5 mm
Juli–September

 Kollin und montan, subalpin und seltener alpin; bis 2500 m
Alpen und Jura
Äcker, Gärten, Schuttplätze

WISSENSWERTES

Die Vertreter der Gattung *Chenopodium* gedeihen wegen ihrer Stickstofffreudigkeit gerne in menschlicher Gesellschaft. Sie wurden durch archäologische Funde bereits in steinzeitlichen Siedlungen nachgewiesen und wurden damals schon als Spinat verwendet.

Die Gänsefüße sind Nahrungspflanzen für die Raupen zahlreicher Schmetterlinge.

Eine Pflanze produziert bis zu 1,5 Millionen Samen, die im Boden Jahrzehnte überdauern können. Verschiedene Vögel tragen zu ihrer Ausbreitung bei. Die Samen werden auch durch den Wind (Windstreuer) oder durch Anhaften (Klebausbreitung) verbreitet. Gänsefüße werden gerne vom Vieh oder Rehen gefressen.

Waren die Kühe verhext, grub der Bauer die Wurzel aus und sprach: «Gut Heinrich, du bist mein Knecht / mit meiner Kuh ist es nicht recht / Geh das Dorf auf und nieder / bring mir meinen Nutzen wieder.»

Der volkstümliche Name «Melde» kommt von den vor allem beim Weißen Gänsefuß vorhandenen mehlartigen Blättern und Stängeln.

Die Blätter der Gänsefüße können als kühlende Auflage bei kleinen Wunden, Abszessen und Schürfungen verwendet werden. Nach dem Brennen mit Brennnesseln lindern zerriebene Blätter den Juckreiz. Sie können auch bei Insektenstichen verwendet werden.

VERWENDUNG IN DER KRÄUTERKÜCHE

Sammelgut

Junge Blätter oder Triebspitzen, vor der Blüte geerntet; Samen

Chenopodium bonus-henricus ist in gewissen Gebieten des Flachlandes eher selten und sollte dort nicht gepflückt werden.

Rezepte

Kleine Vorspeisen .... S. 35
Suppen .... S. 41
Fleischgerichte.................................... S. 63
Eierspeisen ....S. 72, 73
Milch-/Käsespeisen............................ S. 80
Spezielles.. S. 92

Guter Heinrich *(Chenopodium bonus-henricus)*

GERUCH
Unauffällig, nach Löwenzahn

GESCHMACK
Blätter bitter-herb (gekocht milder); Blüten leicht herb

ERKENNUNGSMERKMALE
- Ausdauernde, krautige Pflanze
- Tief reichende Pfahlwurzel
- Rosette mit gestielten und geflügelten Blättern
- Stängel mit Milchsaft
- Nur zungenförmige Blüten in einem Körbchen
- Nach oben hin schmäler werdende Früchte mit Flugapparat

Crepis Pippau Asteraceae

VOLKSTÜMLICHE NAMEN
Keine bekannt

Die Gattung *Crepis* umfasst weltweit rund 200 Arten, wovon im Alpenraum 28 vorkommen.
Subalpin oder alpin im ganzen Alpenraum verbreitet sind nur die drei hier beschriebenen Arten.

Gold-Pippau

(*Crepis aurea* CASS.)

Im Gegensatz zu den beiden anderen hier beschriebenen Pippau-Arten ist der Stängel beim Gold-Pippau unverzweigt und einköpfig. Er ist blattlos und nur im oberen Teil schwarz behaart. Die grundständigen Blätter sind oval bis lanzettlich, gezähnt bis fiederteilig und kahl. Die Blüten haben eine auffällig orangerote Farbe. Die Früchte sind ca. 6 mm lang, mit einem weißen, 6–7 mm langen Pappus.

5–30 cm

20–30 mm
Juni–September

Selten montan; subalpin und alpin; 1200–2800 m
Ganzes Alpengebiet und Jura
Wiesen und Weiden; Charakterart auf Bergfettweiden

Sumpf-Pippau

(*Crepis paludosa* MOENCH)

Der kahle Stängel ist oben locker verzweigt, vielköpfig und locker beblättert. Die grundständigen Blätter sind eiförmig bis lanzettlich, buchtig gezähnt und verschmälern sich in einen geflügelten Stiel. Die oberen Blätter sitzen am Stiel und umfassen ihn pfeilförmig mit ihren Spitzen. Die Blütenhülle besitzt dunkle Drüsenhaare. Die ca. 5 mm langen Früchte haben einen gelblich weißen Pappus, der brüchig ist.

30–100 cm, selten bis 120 cm

20–35 mm Blütenstand)
Mai–Juli

Selten kollin; montan, subalpin; bis 1900 m
Alpen und Jura
Nasse Fettwiesen, Sümpfe und Quellen; Charakterart auf nährstoffreichen Feuchtwiesen

Großköpfiger Pippau
(*Crepis conyzifolia* A. KERN)

Der Stängel ist im oberen Teil sparrig verzweigt, 1- bis 9-köpfig. Die behaarten Blätter sind lanzettlich bis verkehrt eiförmige und buchtig gezähnt. Die oberen Blätter mit Drüsenhaaren umfassen den Stängel mit spitzen Zipfeln. Die grundständigen Blätter sind kurz gestielt und zur Blütezeit noch vorhanden. Die Kronröhren der Blüten sind außen behaart. Die Früchte sind bis 10 mm lang mit Pappus.

20–50 cm

35–45 mm (Blütenstand)
Juni–September

Selten montan; subalpin und seltener alpin; bis 2700 m
Alpen
Magere Wiesen und Weiden; häufige Art auf Borstgrasrasen

WISSENSWERTES

Die Blüten verdanken ihre leuchtend orange oder gelbe Färbung dem UV-Licht in den Bergen. Sie wurden früher zum Färben von Käse und Butter verwendet.
Der Name «Pippau» kommt vom slawischen/polnischen *Pepewa* und galt auch für den verwandten Löwenzahn.

Wegen der enthaltenen Bitterstoffe könnten ein paar Blätter des Pippaus zur Appetitanregung oder zur Förderung der Fettverdauung eingesetzt werden.

VERWENDUNG IN DER KRÄUTERKÜCHE

Sammelgut

Junge Blätter; Blütenknospen, Zungenblüten

Rezepte

Kleine Vorspeisen........................ S. 38, 39
Suppen ....S. 41
Fleischgerichte .... S. 63
Eierspeisen.......................................S. 73
Spezielles .... S. 93

GERUCH

Unauffällig

GESCHMACK

Junge Stängel süßlich und ein wenig spargelähnlich;
Blätter und Triebe leicht säuerlich, an Feldsalat erinnernd;
Blüten süßlich

ERKENNUNGSMERKMALE

- Ausdauernde, krautige Pflanze
- Unterirdische Ausläufer
- Grundständige Blattrosette
- Gegenständige Laubblätter
- Lange, schmale Frucht, 4-kantig und 4-fächerig
- Samen mit weißem Haarschopf

Epilobium Weidenröschen **Onagraceae**

VOLKSTÜMLICHE NAMEN

Feuerkraut, (St.) Antonskraut, Trümmerblume, Waldröschen

Die Gattung *Epilobium* umfasst insgesamt gegen 200 Arten, wovon im Alpenraum 18 Arten vorkommen. Die drei hier vorgestellten Arten sind häufig in der subalpinen oder alpinen Zone anzutreffen.

Wald-Weidenröschen
(*Epilobium angustifolium* L.)

Die aufrechten Stängel sind meistens unverzweigt und kahl. Die wechselständigen Blätter sitzen am Stängel oder haben nur einen kurzen Stiel. Sie sind schmal lanzettlich und 8–15 mm lang und 1–3 cm breit. Die Blätter sind ganzrandig, wobei der Rand abwärtsgebogen ist, mit netzartigen Blattadern auf der Unterseite.

Die Blüten sitzen in einer langen, endständigen Traube. Die Kronblätter sind breit gerundet oder etwas ausgerandet.

50–150 cm, selten bis 200 cm

20–25 mm
Juni–September

Kollin und montan, subalpin und seltener alpin; 500–2500 m
Ganzes Alpengebiet und Jura
Lichte Waldstellen, Felsschutt und Gewässerufer; häufig Art auf kalkarmen Schlagfluren

Hügel-Weidenröschen
(*Epilobium collinum* C. C. GMEL.)

Der runde Stängel ist oft schon unten verzweigt, mit anliegenden Haaren (aber ohne Drüsenhaare). Die mittleren Blätter sind eiförmig, am Grund gerundet oder herzförmig. Sie sind buchtig gezähnt, sitzend oder kurz gestielt, kaum behaart und nicht über 3 cm lang. Die Kronblätter sind ausgerandet; die Kelchblätter stumpf. Die Narben sind zuletzt sternförmig ausgebreitet.

10–40 cm

3–6 mm
Juni–September

Selten kollin; montan, subalpin, seltener alpin; bis 2000 m
Alpen und Jura
Mauern, Felsen und Felsschutt; häufige Art auf Silikatfelsfluren

Berg-Weidenröschen
(*Epilobium montanum* L.)

Vom Aussehen her ähnlich wie *E. collinum,* aber bis 1 m hoch. Der Stängel ist nur im oberen Teil verzweigt und besitzt im oberen Teil abstehende Drüsenhaare. Die grasgrünen Blätter sind 4–10 cm lang und besitzen bis 1 cm lange Zähne. Die Kelchblätter sind spitz. Auch die Früchte tragen Drüsenhaare.
Die Mutterpflanze stirbt im Herbst ab; die Überwinterung erfolgt unterirdisch durch Erneuerungssprossen (Sobolonen).

 20–50 cm, nicht selten bis 1 m hoch

 6–9 mm
Juni–September

 Kollin und montan, subalpin und seltener alpin
Alpen und Jura
Gärten, Hecken und Wälder

WISSENSWERTES

Da die Weidenröschen als Pionierpflanzen oft auch in Trümmern wachsen, die durch kriegerische Ereignisse verursacht werden, werden sie als Trümmerblume bezeichnet.

Ein paar gekaute Blätter der Weidenröschen helfen bei leichten Blasenbeschwerden, indem sie die Harnausscheidung fördern. Auch bei leichten Magen- und Darmentzündungen sind sie nützlich sowie bei Entzündungen des Zahnfleisches. Bei leichten Schürfungen und kleinen Wunden können zerquetschte Blätter als Auflage verwendet werden.

VERWENDUNG IN DER KRÄUTERKÜCHE

Sammelgut

Junge Sprossen/Triebspitzen; junge Blätter; Blüten

Rezepte

Suppen .... S. 41
Salate .... S. 47, 49, 51
Nudel-/Getreidegerichte .... S. 55
Fleischgerichte .... S. 63
Eierspeisen .... S. 71, 72
Desserts .... S. 84, 85

GERUCH

Blüten nach Honig duftend

GESCHMACK

Mild salatartig, an frische Maiskölbchen oder Erbsen erinnernd; Blüten süßlich-aromatisch; wie Mischung aus mildem Kopfsalat und Grünkohl

ERKENNUNGSMERKMALE

- Blätter ganzrandig
- Blätter in Quirlen mit 4–12 Blättern
- Kelch als undeutlicher Ring
- Krone radförmig, mit 4 Kronblättern
- Kelchröhre kürzer als die Zipfel
- Frucht mit 2 Knoten oder Fächern

Galium Labkraut **Rubiaceae**

VOLKSTÜMLICHE NAMEN

Galium album: Wilder Krapp

Die Gattung *Galium* umfasst weltweit rund 600 Arten, wovon im Alpenraum zirka fünfzig vorkommen. Es werden hier die zwei häufigsten Arten in der subalpinen und alpinen Höhenstufe beschrieben.

Alpen-Labkraut
(*Galium anisophyllon* VILL.)

Das Alpen-Labkraut wächst auf dichten Rasen. Die aufsteigenden Stängel haben zahlreiche sterile Triebe. Die schmalen mittleren Blätter stehen zu 7–9 in einem Quirl. Sie verbreitern sich nach außen und haben eine stachelige Spitze. Auch die Blattränder besitzen feine Stacheln. Die Blütenstände gleichen einer Dolde. Die Einzelblüten haben spitze Zipfel. Die 1,5 mm großen Früchte sind glatt und besitzen einen geraden Fruchtstiel.

 5–20 cm

 2–4 mm
Juni–September

 Selten kollin; montan, subalpin und alpin; bis 2500 m
Alpen und Jura
Steinige Wiesen und Weiden, Felsschutt; eher kalkliebend; oft dominante Art auf Blaugrasheiden

Weißes Wiesen-Labkraut
(*Galium album* MILL.)

Die Stängel sind 4-kantig. Die etwas ledrigen Blätter stehen zu 6–9 in einem Quirl, sind 1,5–5 mm breit und oft umgerollt. Der Blütenstand ist schlank pyramidenförmig. Die Einzelblüten sind flach, mit grannig zugespitzten Zipfeln. Die längeren Blütenstiele sind nur 1–3 mm lang und stehen nach dem Blühen nur wenig ab. Die Früchte sind mehr oder weniger glatt.

 30–100 cm, selten bis 150 cm

 3–5 mm
Mai–Oktober

 Kollin und montan, subalpin; bis 2100 m
Alpen und Jura
Wiesen, Gebüsche, Wegränder

WISSENSWERTES

Das Echte Labkraut *(Galium verum)* wurde früher bei der Käseherstellung zum Verdicken der Milch verwendet, weil es Labenzyme enthält. Zudem kam es wegen seiner intensiv gelben Farbe beim Färben von Wolle zum Einsatz.
Die hier im Buch erwähnten Labkräuter weisen zum Herbst hin eine braunrote Färbung auf, die durch Schutzpigmente hervorgerufen wird. Die Wurzeln wurden früher als rotes Färbemittel verwendet.

Die Labkräuter haben eine harntreibende Wirkung, weshalb sie bei leichten Blasenentzündungen zur Heilung beitragen können. Auch bei geschwollenen Beinen nach langen Wanderungen können ein paar gekaute Triebe Linderung verschaffen.

VERWENDUNG IN DER KRÄUTERKÜCHE

Sammelgut

Junge Triebe; Blüten und Blütenknospen; Samen (geröstet als Kaffeeersatz)

Rezepte

Kleine Vorspeisen .... S. 39
Salate .... S. 47
Nudel-/Getreidegerichte .... S. 55
Fleischgerichte .... S. 62
Eierspeisen .... S. 71, 72, 75
Desserts .... S. 84, 85

Weißes Wiesen-Labkraut *(Galium album)*

Alpen-Labkraut *(Galium anisophyllon)*

GERUCH

eigen, würzig

GESCHMACK

eigen, etwas bitter

ERKENNUNGSMERKMALE

- Ausdauernde, krautige Pflanze
- Wuchs buschig oder horstartig
- Gelenkartig verbundene Stängel mit Drüsenhaaren
- Blätter gestielt und handförmig geteilt
- Blüten lang gestielt, mit je 5 Kelch- und Kronblättern
- Kronblätter deutlich gemasert
- 10 Staubblätter
- Frucht mit langem Schnabel, nach dem Aufspringen nach außen gebogen

Geranium Storchenschnabel **Geraniaceae**

VOLKSTÜMLICHE NAMEN

Agathekraut, Astbarschnipp, Bockskraut, Gottesgab, Gottesgnade(nkraut), Kopfwehblümli, Kranichschnabel, Rotlaufskraut, Stinkender Storchenschnabel, Stinkkraut, Wanzenkraut

Die Gattung *Geranium* umfasst weltweit rund 400 Arten, wovon im Alpenraum zwanzig vorkommen. Nur das hier beschriebene Ruprechtskraut kommt in höheren Lagen häufig vor.

Ruprechtskraut, Stinkender Storchenschnabel
(*Geranium robertianum* L.)

Die aufsteigenden Stängel sind meist rot überlaufen. Die Blätter sind bis zum Grund handförmig 3- bis 5-zählig zusammengesetzt. Die gestielten Teilblätter sind fiederschnittig. Die 9–12 mm langen, rosafarbenen Kronblätter haben einen langen Nagel und sind 1,5-mal länger als die Kelchblätter. Die Staubblätter sind orange. Kelch und Blütenstiele sind mit bis 3 mm langen Haaren besetzt. Die Frucht mit dem typischen Schnabel ist 1,5–2,5 cm lang.

10–50 cm

15–20 mm
Mai–Oktober

Kollin und montan, subalpin, bis 1800 m
Alpen und Jura
Hecken, Mauern und Schuttplätze; schattenertragend; häufige Art im Ahorn-Schluchtwald

WISSENSWERTES

Wegen des markanten Schnabels galten die Storchenschnäbel als fruchtbarkeitssteigernd. Die an Augensterne erinnernden Blüten gaben den Hinweis, sie bei Augenleiden zu verwenden (Signaturenlehre).

Ein paar zerquetschte Blätter des Ruprechtskrauts können als Auflage bei kleinen Wunden und Schürfungen helfen. Zerkaute Blätter, länger im Mund belassen, lindern Zahnfleisch- und Rachenentzündungen. Bei Nasenbluten stillen ein paar in die Nase gestopfte Blätter den Blutfluss.

VERWENDUNG IN DER KRÄUTERKÜCHE

Sammelgut

Junge Blätter und Triebe; Blüten und Knospen

Rezepte

Suppen .... S. 43, 45
Salate .... S. 47
Nudel-/Getreidegerichte.............. S. 53, 57
Gemüsegerichte .... S. 65, 68
Milch-/Käsespeisen .... S. 77

GERUCH

Wurzel leicht aromatisch nach Nelken

GESCHMACK

Blätter: bitter-herb

ERKENNUNGSMERKMALE

- Ausdauernde, krautige Pflanze
- Grundständige Rosette aus unpaarig gefiederten Blättern
- Endständiger Blütenstand mit wenigen Blüten
- 5 (selten 6) Kronblätter
- Viele Staubblätter und Griffel
- Früchte = Achänen (mit Flughaaren)

Geum Nelkenwurz Rosaceae

VOLKSTÜMLICHE NAMEN

Geum montanum: Bergbenedikten, Fieberkraut, Petersbart, Ruhrwurz
Geum rivale: Augenwurz, Frauensekeli, Sekelmeister, Sumpfbenedikte, Wiesengarassel

Die Gattung *Geum* umfasst dreißig Arten, wovon im Alpenraum zwanzig zu finden sind.

Nur die beiden hier beschriebenen Arten kommen in höheren Lagen häufig vor.

Berg-Nelkenwurz
(*Geum montanum* L.)

Die Rosettenblätter sind einfach gefiedert, mit ungeteilten, ungleich grob gezähnten Abschnitten. Das Endteilblatt ist viel größer, etwa doppelt so breit wie das nachfolgende Fiederpaar. Früchte bilden zusammen einen Schopf.

 10–40 cm

 25–35 mm
Mai–August

 Selten montan; subalpin und alpin; 1200–3200 m, selten bis 3500 m
Ganzes Alpengebiet und Jura
Rasen und Weiden; häufige Charakterart auf Borstgrasrasen

Bach-Nelkenwurz
(*Geum rivale* L.)

Die Wurzel ist ein waagrecht verlaufendes Rhizom. Die grundständigen Blätter sind lang gestielt, unterbrochen gefiedert, mit großem, grob gezähntem Endteilblatt. Die Stängelblätter sind meistens 3-teilig. Die Blüten sind nickend, erst zur Fruchtzeit aufgerichtet. Die gleich langen Kron- und Kelchblätter sind zusammenneigend und bilden eine Art Glocke. Vom verlängerten Griffel bleibt nach dem Blühen nur der untere Teil stehen.

 30–60 cm

 8–15 mm
April–Juli

 Kollin und montan, subalpin und seltener alpin; 500–2100 m, selten bis 2400 m
Alpen und Jura
Feuchte Wiesen, Bäche; häufige Art auf nährstoffreichen Feuchtwiesen

WISSENSWERTES

Neben zwittrigen kommen bei der Berg-Nelkenwurz auch Blüten mit nur männlichen Blüten vor. Die Bestäubung erfolgt durch Bienen und Hummeln. Erdhummeln beißen oft Löcher in die zwischen den Kelchblättern liegenden Kronblätter, um damit besser zum Nektar zu gelangen. Die Früchte der Bach-Nelkenwurz tragen hakenartige Verlängerungen, die an vorbeistreifenden Tieren und Menschen hängen bleiben. Die Früchte der Berg-Nelkenwurz sind sogenannte Federschweifflieger, die vom Wind über weite Strecken verfrachtet werden.

Ein paar zerkaute Blätter helfen bei Schleimhaut- und Zahnfleischentzündungen. Sie können auch bei leichten Beschwerden im Magen-Darm-Bereich nützlich sein.

VERWENDUNG IN DER KRÄUTERKÜCHE

Sammelgut

Junge Blätter; Blüten und Blütenknospen

Rezepte

Suppen .... S. 42, 45
Salate .... S. 49
Fleischgerichte .... S. 61
Milch-/Käsespeisen .... S. 79, 81
Spezielles .... S. 90

Berg-Nelkenwurz *(Geum montanum)*

Bach-Nelkenwurz *(Geum rivale)*

GERUCH

Löwenzahnartig

GESCHMACK

Salatartig, mit herb-bitterer Note; Knospen und Blüten milder im Geschmack

ERKENNUNGSMERKMALE

- Ausdauernde, krautige Pflanzen
- Kräftige Pfahlwurzeln
- Grundständige Rosette
- Blätter mit drüsigen Haaren
- Zungenförmige Blüten in einem Körbchen, außen oft rötlich gestreift
- Zylindrische Früchte ohne Schnabel
- Raue Pappusborsten (Flugapparat)

Hieracium Habichtskraut Asteraceae

VOLKSTÜMLICHE NAMEN

Hieracium murorum: Buchkohl, Buchlattich, Gelbes Lungenkraut, Mauerhabichtskraut

Hieracium pilosella: Augenwurz, Dukatenröschen, Nagelkraut, Mäuseöhrchen

Die Gattung *Hieracium* umfasst total rund tausend Arten, von denen im Alpenraum 41 vorkommen. Es werden hier die zwei am häufigsten in der subalpinen und alpinen Stufe anzutreffenden Arten beschrieben.

Wald-Habichtskraut
(*Hieracium murorum* L.)

Die grundständigen Blätter sind lang gestielt, eiförmig und behaart. Sie sind unregelmäßig gezähnt, am Grund herzförmig, gestutzt oder gerundet. Der mit Drüsenhaaren versehene Stängel ist nur zuoberst verzweigt und trägt meistens nur ein Blatt. Die grünen Blätter sind oft braun gefleckt, unterseits blasser, oft rötlich. Der Kelch trägt Drüsenhaare. Die schwarzen Früchte sind 3–4 mm lang.

20–60 cm

20–35 mm
Mai–September

Kollin und montan, subalpin und seltener alpin; bis 2000 m
Alpen und Jura
Wälder, Gebüsche

Langhaariges Habichtskraut
(*Hieracium pilosella* L.)

Die grundständigen, ganzrandigen Blätter sind verkehrt eiförmig und verschmälern sich am Grund. Die Pflanze bildet lange, beblätterte Ausläufer. Der blattlose Stängel und die Blattoberseiten tragen 3–7 mm lange, einfache Haare. Die Blattunterseite ist haarig-filzig. Am Ende des Stängels sitzt eine Blüte, deren Hülle (Kelch) stark behaart ist. Die Blüten tragen außen meist einen roten Streifen. Die schwarzen Früchte sind 2 mm lang.

5–30 cm

20–30 mm
Mai–Oktober

Kollin und montan, subalpin und alpin; bis 3000 m
Alpen und Jura
Trockenrasen, magere Weiden

Wald-Habichtskraut *(Hieracium murorum)*

WISSENSWERTES

Bestäubt werden die Habichtskräuter von Käfern, Mücken und Schmetterlingen. Von Letzteren sind besonders der Kleine Fuchs sowie der Dukaten- und Perlmutterfalter häufig anzutreffen.

Die Habichtskräuter neigen untereinander zur Kreuzung, wobei die Bastarde voll fruchtbar sind.

Den Namen hat der Römer Plinius der Pflanze gegeben, glaubte er doch, dass sich die Habichte damit ihre Augen bestreichen, um scharf zu sehen. Das Habichtskraut wurde deshalb im Mittelalter bei Augenerkrankungen eingesetzt.

Als Liebesorakel legte man die Pflanze an Johanni (24. Juni) in ein Tuch und rieb kräftig darüber mit den Worten «Ist die Liebe gut, kommt ein Tropfen Blut». Eine Rotfärbung des Tuches war ein gutes Zeichen. In der Realität war dies der Fall, wenn die Pflanze vorher von der roten Schildlaus befallen war.

Äußerlich können die zerdrückten, frischen Blätter als Auflagen bei kleinen Hautverletzungen oder Wunden verwendet werden. Bei leichten Magen- und Darmproblemen können ein paar gut gekaute Blätter der Habichtskräuter helfen, ebenso bei leichten Katarrhen der oberen Atemwege.

VERWENDUNG IN DER KRÄUTERKÜCHE

Sammelgut

Junge Blätter (die älteren sind wegen der Behaarung und des herben Geschmacks eher unangenehm); geschlossene Blütenknospen; Blüten

Rezepte

Fleischgerichte .... S. 61, 63
Eierspeisen .... S. 72
Milch-/Käsespeisen .... S. 80
Spezielles .... S. 90, 92, 93

GERUCH
Unauffällig

GESCHMACK
Süß-herb

ERKENNUNGSMERKMALE

- Ausdauernde, krautige Pflanze
- Niederliegend, zum Teil verholzt
- Unpaarig gefiederte Blätter
- Blüten in einer kopfartigen Dolde
- Frucht aus hufeisenförmigen Gliedern

Hippocrepis Hufeisenklee **Fabaceae**

VOLKSTÜMLICHE NAMEN
Gemeine Pferdehufschote

Die Gattung *Hippocrepis* umfasst insgesamt 32 Arten. Im Alpenraum kommt neben dem hier beschriebenen Schopfigen Hufeisenklee nur noch die Strauchwicke *(Hippocrepis emerus)* vor, die aber nicht subalpin oder alpin wächst.

Schopfiger Hufeisenklee
(*Hippocrepis comosa* L.)

Der Schopfige Hufeisenklee ist ausgebreitet niederliegend und im unteren Teil oft verholzt. Die Blätter sind unpaarig gefiedert, mit 4–8 Fiederpaaren. Die 5–15 mm langen Teilblätter sind kurz gestielt und haben oft eine kurze Spitze. Die Blüten sind zu 5–12 in einer lang gestielten, kopfartigen Dolde. Die Frucht ist schmal und besteht aus hufeisenförmig zusammengesetzten Gliedern.

 5–25 cm

 8–12 mm
April–August

 Kollin und montan, subalpin und seltener alpin; 500–2200 m, selten bis 2700 m
Alpen und Jura
Trockenrasen, Felsen; kalkliebend

WISSENSWERTES

Eine Platte über dem Nektar führenden Organ verhindert, dass Hummeln, Bienen und Schmetterlinge sich einen verkürzten Weg frei machen. So müssen sie mit ihrem Rüssel an den Staubbeuteln und an der Narbe vorbei und sichern auf diese Weise die Bestäubung. Die Bruchfrüchte zerfallen bei der Reife in 4–6 Teilfrüchte, die einem Hufeisen ähnlich sehen. Die Ausbreitung erfolgt teilweise über den Darm von Ziegen und Gämsen.

VERWENDUNG IN DER KRÄUTERKÜCHE

Sammelgut

Junge Blätter und Triebspitzen

Rezepte

Kleine Vorspeisen .... S. 35
Suppen .... S. 44, 45
Nudel-/Getreidegerichte .... S. 53, 57
Fleischgerichte .... S. 61, 62
Gemüsegerichte .... S. 65, 66, 68
Desserts .... S. 83–87

GERUCH

Etwas muffig, eigen

GESCHMACK

Gekocht angenehm mild und etwas pilzartig; feinwürzig; Blüten süßlich

ERKENNUNGSMERKMALE

- Krautige Pflanze
- Stängel an den Kanten versteift
- Kegelförmige Haare und sitzende Drüsen
- Behaarte Blätter mit gut sichtbaren Blattnerven
- Grob gezähnte Blattränder
- 5-zählige Lippenblüten in Scheinquirlen und röhrenförmigem Kelch
- 3-kantige Früchte mit Anhängsel

Lamium Taubnessel **Lamiaceae**

VOLKSTÜMLICHE NAMEN

Todtennessel, Wanzenkraut

Die Gattung *Lamium* hat der Familie Lamiaceae den Namen gegeben. Sie umfasst rund dreißig Arten, wovon im Alpenraum acht vorkommen. Häufig im subalpinen und alpinen Raum sind die beiden hier vorgestellten Arten.

Gefleckte Taubnessel
(*Lamium maculatum* L.)

Die Pflanze besitzt ober- und unterirdische Ausläufer. Die gestielten Blätter sind herz- bis eiförmig, unregelmäßig grob gezähnt und oft lang zugespitzt. Die Blüten sitzen quirlartig in den oberen Blattwinkeln. Mit der auffällig weiß und rot gefleckten Unterlippe unterscheidet sich die Gefleckte Taubnessel von der Acker-Taubnessel. Die Kronröhre ist gekrümmt. Die glatten Teilfrüchte sind ca. 3 mm lang.

 15–50 cm, selten bis 80 cm

 20–30 mm
März–Oktober

 Kollin und montan, subalpin und seltener alpin; bis über 2000 m
Alpen und Jura
Hecken, Wegränder, Schuttplätze

Acker-Taubnessel
(*Lamium purpureum* L.)

Die gestielten Blätter sind herzförmig und stumpf gezähnt. Sie sind fast ebenso breit wie lang und oft violett überlaufen. Die 6–8 Blüten sitzen quirlig in den oberen Blattwinkeln. Die 1 cm lange Krone ist kaum gefleckt und die Kronröhre gerade. Sie besitzt glatte Teilfrüchte.

 10–25 cm

 7–12 mm
März–November

 Kollin und montan, subalpin;
bis 1800 m
Alpen und Jura
Äcker, Gärten, Weinberge; stickstoffliebend

Gefleckte Taubnessel *(Lamium maculatum)*

Acker-Taubnessel *(Lamium purpureum)*

WISSENSWERTES

Die Lippenblüten der Taubnesseln werden von Hummeln und Bienen bestäubt. Der begehrte Nektar ist im Innern der Krone durch einen Haarkranz geschützt. Neben zwittrigen gibt es auch rein weibliche Blüten. Beide Arten blühen in milden Jahren auch im Winter. Mit den nach unten längeren Blattstielen sichern sie sich ein Maximum an Sonnenlicht.

Die Früchte enthalten ein eiweißreiches Anhängsel (Elaiosom), das von Ameisen gerne gefressen wird, die damit zu deren Ausbreitung beitragen.

Früher wurde die Taubnessel als Zauberpflanze genutzt: Sie schütze vor Bösewichten und könne Diebe zwingen, gestohlene Gegenstände zurückzubringen.

Eine Auflage aus den Blättern der Taubnesseln kann bei kleinen Wunden und Schürfungen zur Heilung beitragen sowie den Juckreiz nach Insektenstichen lindern.

VERWENDUNG IN DER KRÄUTERKÜCHE

Sammelgut

Junges Kraut (Triebspitzen), Blätter; Blüten; Samen

Rezepte

Salate .... S. 50
Gemüsegerichte .... S. 65
Eierspeisen.................................... S. 71, 74
Spezielles .... S. 92

ERKENNUNGSMERKMALE

- Ausdauernde, krautige Pflanze
- Tief reichende, rübenartige Wurzel
- Stängel nicht hohl, an der Basis mit Resten der Blattstiele
- Wechselständige Laubblätter mit Blattscheiden
- 2- bis 4-fach gefiederte Blätter
- Doppeldoldiger, großer Blütenstand
- 5-zählige, zwittrige Blüten
- Rundliche Teilfrüchte mit 4 Rückenflügeln

GERUCH

Früchte würzig, nach Kümmel; Blätter kerbelartig

GESCHMACK

Kümmelartig, aber stärker und bitterer; kerbelartig

Laserpitium Laserkraut **Apiaceae**

VOLKSTÜMLICHE NAMEN

Bergkümmel, Enzsch, Rosskümmel

Die Gattung *Laserpitium* umfasst in Europa 13 Arten, wovon acht im Alpenraum vorkommen. Nur die beiden hier beschriebenen sind häufig subalpin oder alpin anzutreffen.

Berg-Laserkraut
(*Laserpitium siler* L.)

Der fein gerillte Stängel ist bis 2 cm dick. Die blaugrünen Blätter sind 3- bis 4-fach gefiedert und im Umriss dreieckig. Die Teilblätter 1. Ordnung sind lang gestielt. Die Abschnitte der Teilblätter 2. Ordnung sind lanzettlich, ganzrandig und kahl. Die großen Dolden enthalten 20–40 Strahlen. Die 5–12 mm langen Früchte sind kahl, mit breit geflügelten Rippen.

40–150 cm

3–5 mm (Einzelblüte)
6–15 cm (Blütenstand)
Juni–September

Selten kollin; montan, subalpin und seltener alpin; bis 2400 m
Alpen und Jura
Steinige Wiesen und Felsen; kalkliebend; oft dominante Art auf Blaugrasheiden

Breitblättriges Laserkraut
(*Laserpitium latifolium* L.)

Der bis 2 cm dicke Stängel trägt am Grund einen Faserschopf. Die großen Blätter sind im Umriss dreieckig und 1- bis 2-fach gefiedert. Die Teilblätter 1. Ordnung sind lang gestielt, die Teilblätter 2. Ordnung sind breit eiförmig oder oval, oft asymmetrisch und grob gezähnt. Die großen Dolden enthalten 20–40 lang gestielte Strahlen. Die 5–12 mm langen Früchte sind kahl, mit breit geflügelten Rippen.

50–150 cm

4–5 mm (Einzelblüte)
10–25 cm (Blütenstand)
Juli–August

Selten kollin; montan, subalpin und seltener alpin; bis 2100 m
Alpen und Jura
Steinige Hänge, Hochstaudenfluren; eher kalkliebend; häufige Art auf Rostseggenhalden

Berg-Laserkraut *(Laserpitium siler)*

Breitblättriges Laserkraut *(Laserpitium latifolium)*

WISSENSWERTES

Die großen Dolden des Laserkrauts werden zur Blütezeit gerne von Fliegen und Käfern besucht, sodass oft ein richtiges Gedränge herrscht. Die vielen Samen des Laserkrauts werden durch den Wind, durch Tiere und durch den Regen verbreitet. Zum Keimen brauchen sie eine Zeit lang tiefe Temperaturen (Frostkeimer).

Aus den Wurzelrüben wurde in Thüringen ein dem «Enzian» ähnlicher Schnaps gebrannt, weshalb die Pflanze dort auch «Enzsch» genannt wird.

VERWENDUNG IN DER KRÄUTERKÜCHE

Sammelgut

Blätter, Triebspitzen; Früchte

Rezepte

Kleine Vorspeisen .... S. 35
Suppen .... S. 43
Salate .... S. 50
Spezielles .... S. 89

GERUCH

Schwach, eigenartig

GESCHMACK

Bitter-würzig

ERKENNUNGSMERKMALE

- Ausdauernde, krautige Pflanze
- Tief reichende Pfahlwurzel
- Grundständige Rosette mit löwenzahnähnlichen Blättern
- Stängel und Blätter mit weißem Milchsaft
- Alle Blüten zungenförmig in einem Körbchen
- Blütenboden ohne Spreublätter
- Innere Pappusborsten federig, äußere meistens viel kürzer

Leontodon Milchkraut Asteraceae

VOLKSTÜMLICHE NAMEN

Schaftlöwenzahn

Die Gattung *Leontodon* umfasst zirka fünfzig Arten, wovon elf im Alpenraum vorkommen. Davon sind nur die hier beschriebenen drei Arten häufig in der subalpinen oder alpinen Zone zu finden.

Schweizer Milchkraut
(*Leontodon helveticus* MERAT)

Die grundständigen Blätter sind schmal oval bis lanzettlich, buchtig gezähnt bis fast ganzrandig. Der Stängel ist unverzweigt und einköpfig, mit mehreren Blattschuppen unter dem Kopf kaum verdickt. Die Blütenköpfe sind vor dem Aufblühen aufrecht; sie sind abstehend schwarz behaart. Die Früchte sind 5–8 mm lang; der Pappus (Flugapparat) gelblich weiß.

 5–30 cm

 20–35 mm
Juli–August

 Kollin und montan, subalpin und alpin; 1600–2800 m, selten bis 3200 m
Alpen
Weiden und Schutthalden; kalkfliehend; oft dominante Art auf Borstgrasrasen und häufige Art auf Krummseggenrasen

Berg-Milchkraut
(*Leontodon montanus* LAM.)

Die grundständigen Blätter sind lanzettlich, entfernt gezähnt oder fiederteilig, unterseits sind sie zum Teil behaart. Die Stängel sind nur wenig länger als die grundständigen Blätter. Oben am Stängel ist ein Blütenkopf, der unterhalb verdickt und wie die Hülle abstehend schwarz behaart ist. Die Blütenköpfe stehen vor dem Blühen aufrecht. Die Früchte sind 5–8 mm lang; die innen federigen Pappusborsten sind weiß.

 3–10 cm

 25–35 mm
Juli–August

 Selten subalpin; alpin; bis 3000 m
Alpen
Häufige Art auf Kalkschuttfluren

Raues Milchkraut
(*Leontodon hispidus* L.)

Die grundständigen Blätter sind schmal oval bis lanzettlich, ganzrandig, buchtig gezähnt oder fiederteilig. Diese Blätter fühlen sich wegen der 2- bis 4-strahligen Haare rau an. Der steif behaarte Stängel ist unverzweigt und einköpfig. Er ist um ein Mehrfaches länger als die grundständigen Blätter. Anstelle von Laubblättern hat das Milchkraut oft 1–3 Blattschuppen. Die Köpfe sind vor dem Aufblühen nickend.

30–60 cm

4–5 mm (Einzelblüte)
10–25 cm (Blütenstand)
Juli–August

Kollin und montan, subalpin und alpin; bis 2700 m
Alpen und Jura
Steinige Hänge, Hochstaudenfluren; eher kalkliebend; häufige Art auf Bergfettweiden und auf Geröll in Kalkschuttfluren

WISSENSWERTES

Die Milchkräuter werden vom Vieh mitsamt der Rosette gerne gefressen. Die Wurzel enthält Inulin und kann wie die Zichorie als Kaffeeersatz verwendet werden.

Die Blätter als Beigabe zu Speisen fördern mit ihren Bitterstoffen die Produktion von Galle in der Leber und helfen somit bei der Verdauung von fettreichen Menüs.

VERWENDUNG IN DER KRÄUTERKÜCHE

Sammelgut

Junge Blätter; Blütenknospen und Blütenstrahlen

Rezepte

Kleine Vorspeisen........................ S. 35, 38
Suppen .... S. 41
Fleischgerichte .... S. 62, 63
Spezielles .... S. 93

GERUCH

Petersilienartig, würzig

GESCHMACK

Aromatisch nach Petersilie und Liebstöckel

ERKENNUNGSMERKMALE

- Ausdauernde, krautige Pflanze
- Fein gefiederte Blätter
- Kleine, eng stehende Dolden
- Längliche Früchte mit Rippen

Ligusticum Liebstock Apiaceae

VOLKSTÜMLICHE NAMEN

Ligusticum mutellina: Alpen-Mutterwurz, Bärenfenchel, Gamskraut, Herzwurz, Mutteli, Mutteri, Mutterkraut

Die Gattung *Ligusticum* umfasst im Alpenraum vier Arten, von denen aber nur die beiden hier vorgestellten häufig in der subalpinen oder alpinen Zone anzutreffen sind.

Alpen-Liebstock
(*Ligusticum mutellina* CRANTZ)

Die Pflanze weist am Grund einen Faserschopf auf. Die Blätter sind 2-fach gefiedert, wobei die Blattspreite bis 10 cm lang ist. Die Dolden sind 10- bis 15-strahlig. Eine Blütenhülle fehlt zum Teil oder besteht nur aus 1–3 schmalen Kelchblättern. Die eirundlichen Früchte sind 5–6 mm lang, mit schmal geflügelten Rippen.

10–40 cm, selten bis 50 cm

2–3 mm (Einzelblüte)
3–5 cm (Blütenstand)
Juni–August

Selten montan; subalpin und alpin; bis 2600 m
Alpen
Wiesen, Weiden, Hochstaudenfluren; häufig auf Bergfettweiden und Rostseggenhalden

Zwerg-Liebstock
(*Ligusticum mutellinoides* VILL.)

Die Pflanze weist am Grund des Stängels Blattresten auf, aber keinen Faserschopf. Die Blätter sind meistens alle grundständig und 1- bis 2-fach gefiedert. Die Blattspreite ist nicht über 5 cm lang. Die gewölbten Dolden stehen sehr dicht und sind 12- bis 20-strahlig, mit 5- bis 10-blättriger Hülle. Die Hüllblätter sind fiederschnittig. Die Früchte sind 4 mm lang, mit schmal geflügelten Rippen.

5–15 cm

2–3 mm (Einzelblüte)
2–3 cm (Blütenstand)
Juli–August

Selten subalpin; alpin; bis 2800 m
Alpen
Rasen, Felsgrus; kalkmeidend; häufig auf Windkantenrasen und Krummseggenrasen

Zwerg-Liebstock *(Ligusticum mutellinoides)*

Alpen-Liebstock *(Ligusticum mutellina)*

WISSENSWERTES

In den Alpensagen und -segenssprüchen wird die Pflanze oft erwähnt. Sie wird oft von Fliegen, Käfern und Faltern besucht.

Die mit den beiden Gartenkräutern Petersilie *(Petroselinum crispum)* und Liebstöckel *(Levisticum officinale)* verwandten Kräuter fördern wie diese die Harnausscheidung, weshalb sie bei leichten Blasenentzündungen hilfreich sein können. Mit den enthaltenen ätherischen Ölen fördern sie zudem die Verdauung.

VERWENDUNG IN DER KRÄUTERKÜCHE

Sammelgut

Frische Triebe und Blätter; Knospen und Blüten

Rezepte

Kleine Vorspeisen .... S. 37, 38
Salate .... S. 49
Fleischgerichte .... S. 59, 62
Eierspeisen .... S. 74, 75
Milch-/Käsespeisen .... S. 80
Spezielles .... S. 91, 92

GERUCH

Schwach, manchmal etwas süßlich

GESCHMACK

Blätter und Triebspitzen: würzig, grasig; Blüten erbsen- bis mandelartig

ERKENNUNGSMERKMALE

- Ausdauernde, krautige Pflanze
- Gefiederte Laubblätter mit 3 kleinen Blättern und 2 großen Nebenblättern an der Stielbasis
- Aufsteigend mit kantigem Stängel
- Lang gestielte Blüten in kopfartigen Dolden
- Aufwärtsgekrümmtes Schiffchen mit Schnabel
- Gerade Hülse

Lotus Hornklee **Fabaceae**

VOLKSTÜMLICHE NAMEN

Gelbes Frauenschühli, Herrgottsschühli, Honigklee, Rosssüßklee, Schottenklee

Die Gattung *Lotus* umfasst rund 150 Arten, wovon im Alpenraum sechs vorkommen. Subalpin und alpin verbreitet sind nur die beiden hier beschriebenen Arten.

Gewöhnlicher Hornklee
(*Lotus corniculatus* L.)

Die meistens kahlen Stängel tragen Blätter, die am Rand und an den Nerven bewimpert sind. Die Teilblätter sind bis 2 cm lang und 1- bis 3-mal so lang wie breit. Der Blütenstand ist 4- bis 8-blütig; der Kelch 5–7 mm lang. Die Schiffchenspitze ist hellgelb oder rötlich.

10–30 cm

10–16 mm
Mai–September

Kollin und montan, subalpin und seltener alpin; bis 3000 m
Alpen und Jura
Fettwiesen, Wegränder

Alpen-Hornklee
(*Lotus alpinus* RAMOND)

Der Alpen-Hornklee ist deutlich kleiner als der Gewöhnliche Hornklee und zum Teil niederliegend. Die ganze Pflanze ist meist kahl. Die Teilblätter sind nicht über 8 mm lang und nur 1- bis 1,5-mal so lang wie breit. Der Blütenstand ist nur 1- bis 3-blütig. Die Schiffchenspitze ist dunkelpurpurn.

5–10 cm

12–18 mm
Mai–August

Selten subalpin; alpin;
1500–3000 m
Alpen und Jura
Rasen, Weiden, Alluvionen; häufig auf Blaugrasheiden

WISSENSWERTES

Beim Gewöhnlichen Hornklee reichen die Wurzeln bis in 1 m Tiefe, weshalb er auch größere Trockenheit gut übersteht. Die Pflanze enthält blausäureartige Verbindungen, die für den Menschen unschädlich sind, aber Schnecken vom Fraß abhalten.
Beide Arten sind eine wichtige Pollenquelle für rund sechzig Wildbienenarten.
Die runden Samen breiten sich als Bodenroller aus.
Der Hornklee kann an frischen Straßenrändern als Befestigung ausgesät werden. Dank Knöllchenbakterien kann er Luftstickstoff binden und so den Boden verbessern.

Ein paar Blätter oder Blüten können zerkaut bei Zahnfleischentzündungen oder als Auflage bei kleinen Wunden und Schürfungen helfen.

VERWENDUNG IN DER KRÄUTERKÜCHE

Sammelgut

Junge Triebspitzen, zarte Blätter; Blüten; Samenschoten (wie Bohnen)

Rezepte

Kleine Vorspeisen .... S. 36, 38
Suppen .... S. 44
Salate .... S. 47, 48, 51
Nudel-/Getreidegerichte .... S. 55
Gemüsegerichte .... S. 67, 69
Eierspeisen .... S. 75
Desserts .... S. 83–87

Gewöhnlicher Hornklee *(Lotus corniculatus)*

Alpen-Hornklee *(Lotus alpinus)*

GERUCH

Angenehm würzig, aromatisch

GESCHMACK

Würzig, etwas bitter und salzig; einer Mischung aus Majoran und milder Minze entsprechend

ERKENNUNGSMERKMALE

- Ausdauernde, krautige Pflanze
- Oft horstartig
- Aufsteigend und vor allem am Stängel behaart
- Blätter eiförmig und 1–4 cm lang
- Blüten einzeln in den Achseln von purpurnen Tragblättern

Origanum Dost Lamiaceae

VOLKSTÜMLICHE NAMEN

Badchrut, Berghopfen, Dorant, Grober Kostens, Hoher Kaspar, Orangenkraut, Oregano, Wilder Majoran, Wohlgemut

Die Gattung *Origanum* besteht aus rund vierzig Arten. Nur zwei Arten sind im Alpenraum vertreten: der hier beschriebene Echte Dost sowie der Majoran *(Orginanum majorana).* Letzterer kommt aber nicht wild und nicht im Gebirge vor.

Echter Dost
(*Origanum vulgare* L.)

Der Echte Dost ist oben verzweigt und am Stängel gleichmäßig behaart. Die 1–4 cm langen Blätter sind eiförmig, kurz gestielt, ganzrandig oder leicht gezähnt, behaart oder fast kahl. Unterseits tragen die Blätter dunkle Öldrüsen. Die Blüten sind kurz gestielt und sitzen einzeln in den Achseln von purpurnen Tragblättern. Sie sind am Ende der Zweige kopfig gehäuft. Die 4–7 mm lange Krone besitzt eine flache, ausgerandet Oberlippe und eine 3-teilige Unterlippe.

 20–60 cm

 4–7 mm
Juli–September

 Kollin und montan, subalpin;
bis 1800 m, selten bis 2000 m
Alpen und Jura
Gebüsche, Waldränder, Trockenrasen; kalkliebend

WISSENSWERTES

Der Name «Dost» stammt von mittelhochdeutsch doste = Strauß. Die Blüten werden wegen ihres hohen Nektar- und Zuckergehalts gerne von Bienen, Schwebfliegen und Schmetterlingen besucht. Die Früchte streuen sich selbst aus und werden sehr gerne von Regenwürmern gefressen. Die vegetative Ausbreitung erfolgt durch unterirdische Ausläufer, weshalb der Dost oft breite Flächen besiedelt.
Früher aßen stillende Frauen morgens auf den nüchternen Magen Dost, um die Milchbildung zu verbessern und um dem Baby ein frohes Gemüt zu übertragen.

Ein paar frische Blätter gekaut geben einen frischen Atem und fördern die Verdauung. Mit seinen Bitterstoffen regt der Dost den Appetit und die Gallenproduktion an. Ein paar gut gekaute Blätter oder junge Triebe helfen bei Entzündungen der Mund- und Rachenschleimhaut. Ein Umschlag aus gequetschten Blättern hilft bei Gelenk- und Muskelbeschwerden, zum Beispiel bei einem verspannten Nacken.

VERWENDUNG IN DER KRÄUTERKÜCHE

Sammelgut
Blätter und Triebspitzen

Rezepte
Kleine Vorspeisen .... S. 35–38
Suppen .... S. 42–44
Nudel-/Getreidegerichte .... S. 54–56
Fleischgerichte .... S. 60, 62, 63
Gemüsegerichte .... S. 65–69
Milch-/Käsespeisen .... S. 77, 78
Spezielles .... S. 89, 91, 92

GERUCH

Unauffällig, schwach würzig

GESCHMACK

Blätter mild-würzig, zum Teil etwas süßlich

ERKENNUNGSMERKMALE

- Blüten in dichtem, ährigem oder kopfigem Blütenstand
- Krone schmalröhrig und 5-teilig
- Kronzipfel bandförmig, zuerst unten und vorne, später nur noch unten verwachsen
- Kapselfrüchte

Phyteuma Rapunzel **Campanulaceae**

VOLKSTÜMLICHE NAMEN

Teufelskralle

Die Gattung *Phyteuma* umfasst 26 Arten, wovon im Alpenraum 17 vorkommen. Subalpin und alpin verbreitet sind nur die beiden hier beschriebenen Arten.

Halbkugelige Rapunzel
(*Phyteuma hemisphaericum* L.)

Die grundständigen Blätter sind lineal grasartig, 1–2 mm breit, ganzrandig und kahl. Die Kronröhren der Blüten sind vor dem Aufblühen zur Mitte hin gebogen und bilden ein Köpfchen. Die Hüllblätter sind am Grund 3–6 mm breit, zugespitzt. Sie sind ungefähr gleich lang wie die Kronblätter, ganzrandig oder am Grund mit wenigen Zähnen.

 3–20 cm

 10–20 mm (Blütenstand)
Juli–August

 Subalpin und alpin; 1700–3000 m, selten bis 3600 m
Alpen
Rasen, Weiden, Felsspalten; kalkmeidend; häufig auf Krummseggenrasen

Betonienblättrige Rapunzel
(*Phyteuma betonicifolium* VILL.)

Die Grundblätter sind länglich lanzettlich und gestielt, am Grund herzförmig und verschmälern sich oft in den Stiel. Die Blätter sind 2- bis 2,5-mal so lang wie breit und wenig gezähnt. Die Stängelblätter sind deutlich kleiner und sitzen im oberen Stängelabschnitt. Die Blüten stehen in einer zuerst eiförmigen, später zylindrischen, 4–10 cm langen Ähre. Die ca. 1 cm langen Kronröhren sind vor dem Aufblühen gerade. Die Hüllblätter sind nur 1 mm breit und weniger lang als die untersten Blüten.

 20–70 cm

 20–100 mm (Blütenstand)
Mai–September

 Montan, subalpin und alpin; 1000–2700 m
Alpen
Magere Wiesen und Weiden, lichte Wälder; häufig auf Buntschwingelhalden und Borstgrasrasen

Halbkugelige Rapunzel *(Phyteuma hemisphaericum)*

Betonienblättrige Rapunzel *(Phyteuma betonicifolium)*

WISSENSWERTES

Die Blüten der Rapunzel werden gerne von Bienen, Schmetterlingen und Käfern besucht. Die winzigen Samen werden vor allem vom Wind verbreitet. Sie brauchen Frost, um zu keimen. Die Keimblätter entfalten sich über dem Erdboden (epigäisch). Die vegetative Vermehrung erfolgt durch Wurzelsprosse, weshalb oft große Gruppen anzutreffen sind.

VERWENDUNG IN DER KRÄUTERKÜCHE

Sammelgut

Junge Triebspitzen; Blätter; Blütenstände

Rezepte

Kleine Vorspeisen .... S. 39
Salate .... S. 48
Nudel-/Getreidegerichte .... S. 53, 56
Gemüsegerichte .... S. 65
Eierspeisen .... S. 71, 73, 74
Spezielles .... S. 91

GERUCH

Herb-süß, erfrischend; getrocknet nach Heu riechend

GESCHMACK

Gurkenartig, leicht scharf; Blüten herb-süß

ERKENNUNGSMERKMALE

- Ausdauernde, krautige Pflanzen
- Grundblätter gefiedert
- Blüten in Dolden
- 5 Kronblätter verkehrt eirund oder herzförmig
- Spaltfrucht

Pimpinella Bibernelle **Apiaceae**

VOLKSTÜMLICHE NAMEN

Pimpinella major: Deutsche Theriakwurzel, Pfefferwurzel

Pimpinella saxifraga: Blutkraut, Bockwurz, Bockskraut, Bockspeterlein, Engersch, Pfefferwurz, Steinpeterlein

Die Gattung *Pimpinella* umfasst rund 150 Arten, wovon im Alpenraum nur zwei vorkommen.

Große Bibernelle
(*Pimpinella major* HUDS.)

Der kantig gefurchte Stängel ist kahl und beblättert. Die unteren Blätter sind einfach gefiedert, mit 1–4 Fiederpaaren. Die bis 4 cm langen Teilblätter sind eiförmig und unregelmäßig gezähnt. Das Endteilblatt ist meistens 3-teilig. Die Dolden sind 10- bis 15-strahlig. Die Blüten haben keine Kelchblätter. Die 2,5–3 mm langen Früchte sind eirundlich und etwas abgeflacht. Die Griffel sind länger als die Früchte.

30–90 cm

2–3 mm (Einzelblüte)
5–6 cm (Blütenstand)
Juni–September

Selten kollin; montan, subalpin und seltener alpin; bis 1900 m
Alpen und Jura
Wiesen, Weiden, Hochstaudenfluren; häufig auf Bergfettwiesen

Gewöhnliche Kleine Bibernelle
(*Pimpinella saxifraga* L.)

Die runden Stängel sind kahl oder unten locker behaart, ohne Faserschopf. Die Teilblätter der grundständigen Blätter sind eiförmig oder lanzettlich und bis 2 cm lang. Sie sind gezähnt oder gelappt, selten tief geteilt. Während die Oberseite kahl ist, sind die Blätter unterseits locker behaart. Die Dolden sind 8- bis 15-strahlig; die Kronblätter bewimpert.

15–60 cm

3–6 mm (Einzelblüte)
3–6 cm (Blütenstand)
Juni–Oktober

Kollin und montan, subalpin
Alpen und Jura
Trockene Wiesen, Busch- und Föhrenwälder; eher kalkliebend

WISSENSWERTES

Sowohl der deutsche als auch der botanische Name kommen von lat. *piper* = Pfeffer und weisen auf den aromatisch-scharfen Geschmack der Pflanze hin.

Das bekannte Gewürz Anis *(Pimpinella anisum)* gehört zur selben Gattung wie die Bibernelle.

Die Wurzel (vor allem der Kleinen Bibernelle) kann zum Aromatisieren von Likören verwendet werden.

Früher galt die pulverisierte Wurzel als Aphrodisiakum. Steckte man eine Wurzel in die Tasche einer Jungfrau, so machte sie das Mädchen für eine Beziehung empfänglich.

Die Kleine Bibernelle ist die Raupenfutterpflanze des Bibernell-Widderchens.

Ein mittelalterlicher Pestspruch lautet: «Iss Ehrenpreis, Knoblauch und Bibernell, dann stirbst du nicht so schnell.»

VERWENDUNG IN DER KRÄUTERKÜCHE

Sammelgut

Junge Blätter; Blüten; Früchte

Rezepte

Kleine Vorspeisen .... S. 38
Suppen .... S. 42
Salate .... S. 49
Nudel-/Getreidegerichte .... S. 53–57
Fleischgerichte .... S. 61
Gemüsegerichte .... S. 65, 68, 69
Eierspeisen .... S. 72, 75
Desserts .... S. 84, 85
Spezielles .... S. 91

Große Bibernelle *(Pimpinella major)*

Kleine Bibernelle *(Pimpinella saxifraga)*

GERUCH

Schwach heuartig

GESCHMACK

Blätter und Blütenknospen pilzartig, wie Champignons; nussig; schleimig, etwas bitter, leicht salzig

ERKENNUNGSMERKMALE

- Ausdauernde, krautige Pflanze
- Grundständige Rosette
- Schmale Blätter mit auffälliger Mittelrippe
- Blüten in vielblütigen, ährigen Blütenständen
- Auffällig große, herausragende Staubblätter
- Kapselfrüchte mit 2 oder mehreren Samen

Plantago Wegerich **Plantaginaceae**

VOLKSTÜMLICHE NAMEN

Plantago alpina: Adelgras, Bergwegerich, Nadelgras, Ritz

Plantago lanceolata: Ripplikraut, Romeyen, Rossrippe, Schmaler Wegerich

Die Gattung *Plantago* umfasst rund 190 Arten, wovon im Alpenraum 13 vorkommen. Die drei hier beschriebenen Arten sind in der subalpinen und alpinen Höhenstufe verbreitet anzutreffen.

Berg-Wegerich
(*Plantago atrata* HOPPE)

Der behaarte Stiel ist meistens länger als die Blätter. Die grundständigen Blätter sind schmal lanzettlich und liegen dem Boden auf oder sind schief aufrecht. Sie sind ungestielt, granzrandig und haben 3–7 Nerven. Die Blütenähre ist kugelig bis kurz zylindrisch. Sie ist 0,5–1,5 cm, selten bis 2,5 cm lang und bis 1 cm dick. Die Einzelblüten sind 2–3 mm lang. Die Krone ist kahl und hat 4 bräunliche Zipfel.

3–12 cm

0,5–1,5 cm (Blütenstand)
Mai–August

Selten montan; subalpin und alpin; bis 2700 m
Alpen und Jura
Wiesen und Weiden; eher kalkliebend; häufig in Bergfettweiden

Alpen-Wegerich
(*Plantago alpina* L.)

Der Stiel ist so lang wie die Blätter oder etwas länger. Die linealen Blätter der grundständigen Rosette sind ganzrandig, 3-nervig und an der Spitze plötzlich verschmälert. Die seitlichen Nerven sind näher beim Rand als beim Mittelnerv. Die 1–3 cm langen Blütenähren sind zylindrisch bis fast kopfig und nur 5 mm dick. Die Kronblätter der Blüten sind außen behaart und haben 4 weißliche Zipfel.

5–15 cm

1–3 cm (Blütenstand)
Mai–August

Selten montan; subalpin und alpin; bis 2700 m, selten bis 3100 m
Alpen und Jura
Wiesen und Weiden; eher kalkmeidend; häufig auf Borstgrasrasen und Bergfettweiden

Spitz-Wegerich
(*Plantago lanceolata* L.)

Der Stiel ist unterhalb der Ähre gefurcht. Die grundständigen Blätter sind schmal lanzettlich, ganzrandig oder fein gezähnt. Sie sind gestielt, 3- bis 7-nervig und nur ganz schwach behaart oder kahl. Die 1–3 cm langen Blütenähren sind eiförmig bis kurz zylindrisch. Die 2–4 mm langen Einzelblüten sind röhrenförmig zusammengedrückt, mit 4 zurückgebogenen, bräunlichen Zipfeln. Die auffälligen Staubblätter sind gelblich.

 10–50 cm

 1–3 cm (Blütenstand)
April–Oktober

 Kollin und montan, subalpin und seltener alpin; bis 2000 m
Alpen und Jura
Wiesen und Wegränder

WISSENSWERTES

Einige gequetschte Blätter als Auflage helfen bei Ohrenschmerzen. Bei Insektenstichen reibt man ein paar Blätter auf die betroffenen Stellen. Juckreiz, Rötungen und Schwellungen lassen bald nach. Einige gekaute Blätter können als Auflage bei kleinen Wunden und Schürfungen verwendet werden. Eine Auflage hilft auch bei Prellungen und Verstauchungen. Bei Quaddeln infolge Brennnesseln sowie bei Abszessen und Furunkeln helfen ebenfalls aufgelegte gequetschte Wegerichblätter. Bei Verbrennungen und Sonnenbrand kann mit zerquetschten Blättern ein Verband angelegt werden. In Schuhe gelegt, können Wegerichblätter zur Linderung von Fußbeschwerden beim Wandern eingesetzt werden.

VERWENDUNG IN DER KRÄUTERKÜCHE

Sammelgut

Blattrosetten; Blütenknospen; Samen

Rezepte

Kleine Vorspeisen.............................. S. 38
Suppen ....S. 41
Salate .... S. 50
Spezielles .... S. 89

GERUCH

Wenig auffällig;
Blüten süßlich

GESCHMACK

Spinatartig mild, etwas sauer;
Samen nussig

ERKENNUNGSMERKMALE

- Mehrjährige, krautige Pflanze
- Unverzweigter Stängel
- Stängel mit auffälligen Knoten (Name!)
- Blätter mit auffälligem Mittelnerv
- Endständiger, dicht ähriger Blütenstand

Polygonum Knöterich Polygonaceae

VOLKSTÜMLICHE NAMEN

Polygonum bistorta: Kehrwiederwurzel, Lauchelchen, Otterzunge, Zahnbürste

Die Gattung *Polygonum* umfasst rund 65 Arten, wovon im Alpenraum 16 Arten vorkommen. Subalpin und alpin häufig sind nur die beiden hier beschriebenen Arten.

Knöllchen-Knöterich
(*Polygonum viviparum* L.)

Der unverzweigte Stängel trägt 2–8 cm lange, schmal lineale bis lineal lanzettliche Blätter. Diese sind am Rand abwärtsgebogen; die untersten sind lang gestielt, die oberen sitzend. Der ährige, endständige Blütenstand ist ca. 5 mm dick und enthält im unteren Teil Brutknöllchen. Die 3-kantigen, dunkelbraun glänzenden Früchte sind kaum entwickelt.

5–30 cm

2–4 mm (Einzelblüte)
4–8 cm (Blütenstand)
Juni–August

Selten montan; subalpin und alpin; 1000–3000 m
Alpen und Jura
Wiesen, Weiden, Flachmoore; häufig auf Borstgrasrasen und Krummseggenrasen

Schlangen-Knöterich
(*Polygonum bistorta* L.)

Der unverzweigte Stängel trägt bis 20 cm große, lang eiförmige Blätter. Am Ende spitzig, sind sie am Grund gestutzt oder herzförmig. Die unteren Blätter haben einen geflügelten Stiel, die oberen sitzen am Stängel. Die endständigen, ährigen Blütenstände sind 1–2 cm dick. Die Blüten sind kurz gestielt. Die 3-kantigen, 4–5 mm langen Früchte sind dunkelbraun glänzend.

30–90 cm

4–6 mm (Einzelblüte)
3–9 cm (Blütenstand)
Mai–August

Selten kollin; montan; subalpin und seltener alpin; 800–2500 m
Alpen und Jura
Feuchte Wiesen, Bachufer, Hochstaudenfluren; häufig auf nährstoffreichen Feuchtwiesen und dominante Art auf Bergfettwiesen

WISSENSWERTES

Der Knöllchen-Knöterich gehört neben dem Alpen-Rispengras *(Poa alpina)* zu den wenigen sogenannten lebendgebärenden Pflanzen. Im Blütenstand entwickeln sich im unteren Teil aus den Samen junge Pflänzchen, die auf den Boden fallen und dort direkt Wurzeln schlagen.

Der Schlangen-Knöterich verdankt seinen Namen der gewundenen, langen Wurzel. Gemäß der Signaturenlehre wurde er deshalb als Gegenmittel bei Schlangenbissen verwendet.

Die Pflanze wird gerne von Insekten besucht. Sie ist ein Wind- und Tierstreuer, wobei die kleinen Nüsse mitsamt der Blütenhülle verbreitet werden. Wegen ihrer luftigen Hülle findet auch Schwimmausbreitung statt. Eine vegetative Vermehrung erfolgt durch das lange Rhizom. Der Schlangen-Knöterich dient den Raupen des Blauschillernden Feuerfalters und des Randring-Perlmutterfalters als Nahrungsquelle.

Ein Umschlag aus den Blättern des Knöterichs kann bei kleinen Wunden oder Schürfungen verwendet werden.

VERWENDUNG IN DER KRÄUTERKÜCHE

Sammelgut

Grundständige Blätter, Blüten, Samen und Brutknöllchen *(P. viviparum)*

Rezepte

Salate ....S. 47
Eierspeisen..S. 74
Spezielles .... S. 92

Knöllchen-Knöterich *(Polygonum viviparum)*

GERUCH

Fast geruchlos

GESCHMACK

Blätter herb-säuerlich, stark zusammenziehend

ERKENNUNGSMERKMALE

- Ausdauernde, krautige Pflanzen
- Niederliegend oder aufsteigend
- Laubblätter gefingert («Fingerkraut»)
- Nebenblätter mit dem Stängel verwachsen
- Blüten 5- oder 4-zählig (Blutwurz)
- Viele (ca. 20) Staubblätter
- Früchte mit Flugapparat

Potentilla Fingerkraut/Blutwurz Rosaceae

VOLKSTÜMLICHE NAMEN

Potentilla aurea: James-Bond-Kraut («Goldfinger»), Wilder Mann

Potentilla erecta: Bauchwehwurz, Christuskrone, Mooreckel, Ruhrkraut, Schnapswurzel, Zentgras

Die Gattung *Potentilla* umfasst je nach Systematik zwischen 300 und 500 Arten, wovon im Alpenraum 41 vorkommen. Die hier beschriebenen drei Arten sind in der subalpinen und alpinen Höhenstufe verbreitet anzutreffen.

Gold-Fingerkraut
(*Potentilla aurea* L.)

Die grundständigen Blätter sind 5-zählig. Die Teilblätter sind verkehrt lanzettlich bis eiförmig und am Grund keilförmig. Die anliegend behaarten, am Rand silberglänzenden Blätter haben 2–4, selten bis 7 Zähne, wobei der Endzahn viel kleiner ist als die übrigen. Die 1,5–2,5 cm großen Blüten haben buchtig eingeschnittene Kronblätter, am Grund oft mit einem dunkelgelben Fleck. Die Früchte bilden einen Haarschopf («Wilder Mann»).

 3–12 cm

 15–20 mm
Juni–September

 Selten montan; subalpin und alpin; 1200–3000 m
Alpen und Jura
Wiesen und Weiden; eher kalkmeidend; häufig auf Borstgrasrasen

Crantz' Fingerkraut
(*Potentilla crantzii* FRITSCH)

Die Pflanze ist ähnlich wie *P. aurea,* der Rand der Teilblätter ist aber weder silberglänzend noch seidenhaarig. Der mittlere Endzahn der Teilblätter ist kaum kleiner als die benachbarten Zähne.

 5–20 cm

 15–22 mm
Mai–September

 Selten montan; subalpin und alpin; bis 2600 m
Alpen und Jura
Weiden; vorwiegend kalkliebend; häufig auf Blaugrasheiden

Blutwurz, Gemeiner Tormentill
(*Potentilla erecta* RAEUSCH.)

Die weit verzweigte Wurzel ist im oberen Teil rhizomartig verdickt. Die Blätter sind 3- bis 5-zählig, mit verkehrt eiförmigen, am Grund keilförmigen, grob gezähnten Teilblättern. Die Stängelblätter sind größer als die grundständigen Blätter; sie sitzen am Stängel oder sind kurz gestielt. Die Blüten mit 1 cm Durchmesser haben nur 4 Blütenblätter (Ausnahme bei den Rosengewächsen!). Sie sitzen einzeln auf 2–6 cm langen, dünnen Stielen.

15–30 cm, selten bis 60 cm

8–12 mm
Mai–September

Kollin und montan; subalpin und seltener alpin; bis 2000 m
Alpen und Jura
Moore, Wiesen und Weiden; häufig auf Borstgrasrasen

WISSENSWERTES

Der Name «Blutwurz» verweist darauf, dass sich die Wurzel beim Anschneiden rot verfärbt.

P. aurea überwintert oft mit grünen Blättern und treibt bereits unter der Schneedecke junge Blätter aus. Die Blüten sondern den Nektar, der gerne von Fliegen genommen wird, aus einem fleischigen Ring an der Basis der Staubblätter ab.

VERWENDUNG IN DER KRÄUTERKÜCHE

Sammelgut
Junge Blätter und Triebe

Rezepte

Fleischgerichte .... S. 61
Eierspeisen .... S. 74
Milch-/Käsespeisen .... S. 77
Spezielles .... S. 90

Gold-Fingerkraut *(Potentilla aurea)*

GERUCH
Blätter geruchlos;
Blüten leicht süßlich

GESCHMACK
Bitter, aromatisch, herb, salzig

ERKENNUNGSMERKMALE
- Ausdauernde, krautige Pflanze
- Kriechende Matten bildend
- Gegenständige, eiförmige Laubblätter
- Blüten in endständiger, dichter Scheinähre
- Tragblätter (Kelchblätter) rötlich überlaufen

Prunella Brunelle Lamiaceae

VOLKSTÜMLICHE NAMEN
Antonienkraut, Augenpröckel, Blauer Kuckuck, Braunheil, Gauchheil, Gottesheil, Gutheil, Kumelle, Prikkelnöse, Selbstheil, Veitsblumenkraut

Die Gattung *Prunella* umfasst im Alpenraum vier Arten, die aber mit Ausnahme der zwei hier beschriebenen nur regional vorkommen.

Kleine Brunelle
(*Prunella vulgaris* L.)

Die Kleine Brunelle bildet oberdische Ausläufer. Die aufrechten Stängel sind zerstreut behaart. Die eiförmigen bis lanzettlichen Blätter sind ganzrandig oder leicht gezähnt. Die Blüten stehen in einem kopfigen oder ährigen Quirl, der vom obersten Blattpaar getragen wird. Die 1–1,5 cm langen Kronblätter sind in einer gerade Röhre, mit helmförmiger Oberlippe und 3-teiliger Unterlippe. Der mittlere Teil der Unterlippe ist gezähnt und größer als die seitlichen. Die Teilfrüchte sind 1,5–2 mm lang.

5–20 cm, selten bis 30 cm

10–55 mm (Einzelblüte)
Juni–Oktober

Kollin und montan, subalpin und seltener alpin; 500–2200 m
Alpen und Jura
Wiesen und Weiden

Große Brunelle
(*Prunella grandiflora* SCHOLLER)

Die Große Brunelle ist ähnlich wie die Kleine, aber deutlich größer. Sie bildet keine Ausläufer. Das oberste Blattpaar ist vom Blütenstand entfernt. Die Krone der Blüten ist 2–2,5 cm lang und aufwärtsgebogen.

10–40 cm

20–25 mm (Einzelblüte)
Juni–Oktober

Kollin und montan, subalpin und seltener alpin; 500–2400 m
Alpen und Jura
Trockenwiesen, lichte Wälder; eher kalkliebend

WISSENSWERTES

Die Brunellen werden fast ausschließlich von Hummeln bestäubt. Der Griffel tritt erst aus der Blüte heraus, wenn die bepuderte Hummel die Blüte verlässt. Dadurch wird eine Selbstbestäubung verhindert.
Die Früchte (Klausen) öffnen sich bei schlechtem Wetter und stehen waagrecht ab: Die auftreffenden Regentropfen schleudern die Früchte aus dem Kelch heraus. Dank ihrer Klebrigkeit haften die Früchte auch an vorbeistreifenden Tieren oder Menschen an.
Die vegetative Vermehrung erfolgt durch zahlreiche oberirdische Ausläufer.

Die jungen Triebe von Brunellen können gekaut und im Mund belassen bei Entzündungen des Mund- und Rachenraumes helfen. Sie sind auch hilfreich bei leichten Magen- oder Darmentzündungen und können zudem äußerlich als zerquetschte Blätter bei kleinen Wunden oder Schürfungen eingesetzt werden – am besten mit einem Verband. Bei Nasenbluten werden ein paar gequetschte Blätter in die Nase gestopft. Versuchsweise können zerquetschte Blätter auch bei Lippenbläschen (Herpes) aufgelegt werden.

VERWENDUNG IN DER KRÄUTERKÜCHE

Sammelgut

Junge, noch zarte Triebe (vor der Blüte); Blätter

Rezepte

Salate .... S. 49, 50
Nudelgerichte .... S. 54
Fleischgerichte .... S. 59
Eierspeisen .... S. 72, 73

Kleine Brunelle *(Prunella vulgaris)*

ERKENNUNGSMERKMALE

- Ausdauernde, verholzte Sträucher
- Mit dünnen, weichen Stacheln
- Wechselständige, gestielte Laubblätter
- Endständiger, verzweigter Blütenstand
- 5-zählige Blüten mit schuppenförmigen Kelchblättern
- Zahlreiche Staubblätter
- «Beeren» (Sammelsteinfrüchte)

GERUCH

Blätter unauffällig

GESCHMACK

Frische Triebspitzen kokosartig; Blätter stumpf-aromatisch, apfelartig

Rubus Himbeere – Steinbeere Rosaceae

VOLKSTÜMLICHE NAMEN

Rubus idaeus: Ambas, Ampe, Entebeere, Haarbeeri, Katzenbeere
Rubus saxatilis: Hundshödlein, Muschiner, Sidenbeeri

Die Gattung *Rubus* umfasst mehrere Tausend Arten. In Europa sind rund 2000 Arten beschrieben. Im Alpenraum gibt es sieben Arten, von denen aber nur die hier beschriebenen in der subalpinen und alpinen Stufe verbreitet vorkommen.

Himbeere
(*Rubus idaeus* L.)

Sommergrüner Kleinstrauch mit 3-zähligen Blättern, die an den Schösslingen 5- oder 7-fach gefiedert sind. Die Teilblätter sind doppelt gezähnt und unten dicht weißfilzig. Das Endteilblatt ist gestielt. Der rispige Blütenstand ist beblättert. Die Kronblätter sind schmal oval und ca. 5 mm lang. Die roten, kugeligen Früchte sind ca. 1 cm im Durchmesser und lösen sich vom kegelförmigen Fruchtträger. Die Stängel und Blattstiele sind mit 2 mm langen, meist dunkelroten Stacheln oder Borsten versehen.

 50–150 cm, selten bis 200 cm

 10–15 mm
Mai–Juli

 Kollin und montan, subalpin und seltener alpin; bis 2000 m
Alpen und Jura
Waldschläge, Felsschutt

Steinbeere
(*Rubus saxatilis* L.)

Die ganze Pflanze besitzt feine Stacheln. Die kriechenden Triebe sind steril, im Gegensatz zu den aufsteigenden, die Blüten tragen. Die 3-zähligen Blätter sind lang gestielt und beidseits grün. Sie sind grob doppelt gezähnt, das mittlere Blatt ist gestielt. Der doldige Blütenstand umfasst 3–10 Blüten. Die Kelchblätter biegen sich nach der Blüte zurück. Die leuchtend roten Früchte enthalten nur wenige, kaum verbundene Teilfrüchte.

 10–30 cm

 10–12 mm (Einzelblüte)
Mai–Juli

 Kollin und montan, subalpin und seltener alpin; bis 2300 m
Alpen und Jura
Bergwälder, Gesteinsschutt; häufig auf subalpinen Kalkheiden oder in Bergföhrenwald

WISSENSWERTES

Die Früchte sind, anders als der Name «Himbeere» suggeriert, botanisch gesehen keine Beeren, sondern Sammelsteinfrüchte, die sich aus den einzelnen Fruchtblättern bilden. Die Würmer in den Früchten sind die Larven des Himbeerkäfers. Ein unangenehmer Geruch an den Früchten stammt von saugenden Beerenwanzen.
Die Himbeeren vermehren sich auch vegetativ durch unterirdische Wurzelsprosse. Damit bilden sie oft große, undurchdringliche Gebüsche.

Dank der enthaltenen Gerbstoffe können gekaute Blätter bei Entzündungen im Mund- oder Rachenraum helfen. Dasselbe gilt für leichten Durchfall und leichte Magenentzündungen. Äußerlich können zerquetschte Blätter bei Hautirritationen oder kleinen Wunden verwendet werden.

VERWENDUNG IN DER KRÄUTERKÜCHE

Sammelgut

Junge Blätter; Früchte

Rezepte

Salate .... S. 50
Milch-/Käsespeisen .... S. 80
Spezielles .... S. 89

Himbeere *(Rubus idaeus)*

Steinbeere *(Rubus saxatilis)*

ERKENNUNGSMERKMALE

- Ausdauernde, krautige Pflanze
- Grundständige Blätter am Grund pfeil-, spieß- oder herzförmig
- Untere Blätter den Stängel umfassend
- Viele kleine, grünliche Blüten in verzweigten Blütenständen
- 3 innere Kelchblätter (Valven) bleiben erhalten und hüllen die Frucht ein

GERUCH

Unauffällig, fast geruchlos (beim Zerreiben säuerlich)

GESCHMACK

Sauer-zitronig, bitter (ältere Blätter)

Rumex Ampfer Polygonaceae

VOLKSTÜMLICHE NAMEN

Rumex alpinus: Bergrhabarber, Blacke, Butterpletschen, Mönchsrhabarber, Sauplotschen, Scheißplätschen, Spitzblackenwurzel

Rumex alpestris: Aronstabblättriger Ampfer

Die Gattung *Rumex* umfasst rund 130 Arten. Im Alpenraum gibt es 23 Arten, von denen aber nur die drei hier beschriebenen in der subalpinen und alpinen Stufe verbreitet vorkommen.

Berg-Sauerampfer
(*Rumex alpestris* JACQ.)

Der Berg-Sauerampfer sieht ähnlich aus wie der bekannte Wiesen-Sauerampfer. Die grundständigen Blätter sind am Grund spießförmig, mit stumpfen, nach außen gerichteten Ecken. Die Blätter sind dünn, mit deutlichen Nerven und nur 1- bis 2-mal so lang wie breit. Die Blattscheiden sind ganzrandig. Die Seitenäste des Gesamtblütenstandes sind unverzweigt. Die 3–5 mm langen Kelchblätter sind rundlich und ganzrandig.

 30–100 cm

 3–5 mm
Juni–August

 Selten montan; subalpin und seltener alpin; bis 2300 m
Alpen und Jura
Laubmischwälder; häufige Art auf Bergfettwiesen und Hochstaudenfluren des Gebirges, auch auf alpinen Lägerfluren

Alpen-Ampfer
(*Rumex alpinus* L.)

Die grundständigen Blätter werden bis 50 cm lang und sind oval bis rundlich. Am Grund sind sie tief herzförmig. Der Blattrand ist oft wellig. Die oberen Blätter sind lang gestielt. Der gesamte Blütenstand ist dicht zusammengezogen, mit verzweigten, aufrechten Ästen. Die 4–5,5 mm langen inneren Kelchblätter sind netznervig und länger als breit.

 60–120 cm

 4–5,5 mm (Einzelblüte)
Juni–August

 Selten montan; subalpin und seltener alpin; bis 2700 m
Alpen und Jura
Überdüngte Wiesen; häufig auf alpinen Lägerfluren

Schildblättriger Ampfer
(*Rumex scutatus* L.)

Die aufsteigenden Stängel sind stark verzweigt. Die gestielten, bis 5 cm langen Blätter sind spießförmig, über den abstehenden, spitzen Spießzipfeln oft eingeschnürt, höchstens 2-mal so lang wie breit. Der Gesamtblütenstand enthält zahlreiche aufrechte Äste. Die äußeren Perigonblätter liegen den inneren an, welche ganzrandig und rötlich durchscheinend sind.

 20–50 cm

 3–6 mm (Einzelblüte)
Mai–August

 Kollin und montan, subalpin und seltener alpin; 500–2300 m
Alpen und Jura
Felsschutt, Geröll, Weinberge; häufig auf Silikatfelsfluren

WISSENSWERTES

Die Samen des Alpen-Ampfers bleiben bis zu 13 Jahre lang keimfähig. Die Blätter wurden früher zum Einwickeln der Butterstöcke verwendet.

Zerhackte oder zerriebene Blätter dienen als Auflage auf kleine Wunden. Sie wirken kühlend, zusammenziehend und heilend. Auch bei Quetschungen und Verstauchungen wirken die Blätter aufgelegt schmerzlindernd und kühlend. Dieselbe Wirkung lässt sich bei Verbrennungen erreichen. Bei Brennnessel-Quaddeln helfen zerrieben Blätter.
Innerlich ist Vorsicht geboten, enthalten die Blätter doch recht viel Oxalsäure. Sie wirken durststillend und helfen bei leichten Magen- und Darmbeschwerden. Bei zu großer Menge wirken sie abführend.

VERWENDUNG IN DER KRÄUTERKÜCHE

Sammelgut

Junge Blätter und Blattstiele; knospige Blütenstände; weiche Samen

Rezepte

Suppen .... S. 41
Salate .... S. 47–49, 51
Gemüsegerichte .... S. 67
Milch-/Käsespeisen .... S. 78, 81

GERUCH

Gurkenähnlich

GESCHMACK

Gurkenartig (nur junge Blätter in rohem Zustand);
ältere Blätter herb, leicht bitter und zusammenziehend; würzig-nussartig;
Großer Wiesenknopf: herb-aromatisch, etwas weniger würzig

ERKENNUNGSMERKMALE

- Ausdauernde, krautige Pflanze
- Am Grund eine Blattrosette
- Unpaarig gefiederte Laubblätter
- Wechselständige Stängelblätter mit gesägtem Blattrand
- Nebenblätter mit Stiel verwachsen
- Endständiger Blütenstand mit kopfiger oder ähriger Form
- Rosafarbene Kelchblätter (Kronblätter fehlen!)

Sanguisorba Wiesenknopf **Rosaceae**

VOLKSTÜMLICHE NAMEN

Sanguisorba minor: Becherblume, Blutkopf, Blutstillerin, Blutstropfenkraut, Falsche Bibernelle, Sperberkraut
Sanguisorba major: Blutkraut, Drachenblut, Herrgottsbart, Ruhrkraut, Wurmkraut

Die Gattung *Sanguisorba* umfasst rund dreißig Arten. Im Alpenraum gibt es drei Arten, von denen aber nur die zwei hier beschriebenen in der subalpinen und alpinen Stufe verbreitet vorkommen.

Großer Wiesenknopf
(*Sanguisorba officinalis* L.)

Die einfach gefiederten Blätter bestehen aus 7–15 Fiederpaaren. Die Teilblätter sind gestielt, herz-eiförmig und grob gezähnt. Während sie oberseits grasgrün glänzend sind, sind sie unterseits graugrün. Die Blüten stehen in dichten, kugeligen bis länglich eiförmigen Blütenständen. Die Kelchbecher sind zur Fruchtzeit 4-kantig, mit glatten Flächen.

 30–100 cm

 1–3 cm (Blütenstand)
Juni–September

 Kollin und montan; subalpin und seltener alpin; 600–2400 m
Alpen und Jura
Feuchte Wiesen, Flachmoore; häufig in nährstoffreichen Feuchtwiesen

Kleiner Wiesenknopf
(*Sanguisorba minor* SCOP.)

Die einfach gefiederten Blätter bestehen aus 5–15 Fiederpaaren. Die Teilblätter sind eirundlich und grob gezähnt. Sie sitzen am Stängel oder sind kurz gestielt. Die vielen kleinen Blüten sitzen in kugeligen oder eilänglichen Blütenständen am Ende der Zweige. Jede Blüte hat 4 Kelchblätter, aber keine Kronblätter.

 20–50 cm

 0,7–1,7 cm (Blütenstand)
Mai–August

 Kollin und montan, subalpin;
bis 1400 m
Alpen und Jura
Trockenwiesen

WISSENSWERTES

Der botanische Gattungsname *Sanguisorba* verweist auf die blutstillenden Eigenschaften der Pflanze.

Vor allem der Kleine Wiesenknopf ist ein Rohbodenpionier, der mithilfe der Mykorrhiza-Pilze auf mageren Böden gut gedeiht. Die kleinen Früchte sind Nüsschen, die vom Blütenbecher umschlossen bleiben. Dieser dient sowohl als Flug- wie als Schwimmapparat.

Der Große Wiesenknopf ist die Futterpflanze der Raupen des Ameisenbläulings. Diese imitieren die Blütenköpfchen, an oder in denen sie fressen (Mimese). Die älteren Raupen leben parasitisch (nach Art des Kuckucks) in Nestern von Knotenameisen. Der englische Arzt Nicholas Culpeper (17. Jh.) sagte über den Wiesenknopf: «Er ist ein äußerst kostbares Kraut, dessen ständiger Gebrauch den Körper bei bester Gesundheit hält.»

Kleiner Wiesenknopf *(Sanguisorba minor)*

Auflagen von frischen gequetschten Blättern wirken bei kleinen Wunden oder Schürfungen blutstillend und zusammenziehend. Bei Nasenbluten können sie in die Nase gestopft werden. Bei Sonnenbrand kann eine Kompresse auf die betroffenen Stellen aufgelegt werden. Innerlich können ein paar Blätter bei leichten Durchfällen eingenommen werden.

VERWENDUNG IN DER KRÄUTERKÜCHE

Sammelgut

Junge Blätter; Blütenstände und Triebspitzen vor dem Aufblühen

Rezepte

Kleine Vorspeisen .... S. 37, 39
Suppen .... S. 43
Salate .... S. 49
Nudel-/Getreidegerichte .... S. 53–57
Fleischgerichte .... S. 60
Gemüsegerichte .... S. 65, 66, 68
Eierspeisen .... S. 71, 72
Milch-/Käsespeisen .... S. 78
Spezielles .... S. 93

GERUCH

Angenehm würzig

GESCHMACK

Pfefferartig scharf; an grünen, saftigen Paprika erinnernd

ERKENNUNGSMERKMALE

- Ausdauernde, krautige Pflanze
- Nur schwach ausgeprägte Wurzeln
- Büschel bildend (moosartig)
- Fleischige Stängel und Blätter, beide kahl
- Wirtelig angeordnete Laubblätter

Sedum Mauerpfeffer **Crassulaceae**

VOLKSTÜMLICHE NAMEN

Fetthenne, Hühnerträubchen, Steinhocker, Steinpfeffer, Steinwurz, Tripmadam, Weißer Knörpel

Die Gattung *Sedum* umfasst über 400 Arten und ist damit die umfangreichste Gattung in der Familie der Dickblattgewächse (Crassulaceae). Im Alpenraum kommen 24 Arten vor, von denen nur der Weiße Mauerpfeffer häufig ist.

Weißer Mauerpfeffer
(*Sedum album* L.)

Der Weiße Mauerpfeffer ist am Grund reich verzweigt und völlig kahl. Er besitzt viele niederliegende, sterile Triebe. Die 0,5–1,5 cm langen Blätter sind lineal walzenförmig und wechselständig. Der Blütenstand ist eine vielblütige doldige Rispe. Die stumpfen Kronblätter sind rund 3-mal so lang wie die Kelchblätter.

8–20 cm

6–10 mm
Juni–September

Kollin und montan, subalpin und seltener alpin; bis 2500 m
Alpen und Jura
Mauern, Felsen; häufig auf Serpentingesteinsfluren

WISSENSWERTES

Der Weiße Mauerpfeffer ist die Raupenfutterpflanze des seltenen Roten Apollo und des Fetthennen-Bläulings.

Die frischen gequetschten Blätter können zum Heilen von kleinen Wunden, bei Hautausschlägen, Verbrennungen und Sonnenbrand verwendet werden.

VERWENDUNG IN DER KRÄUTERKÜCHE

Sammelgut

Frische Blätter – nur in geringen Mengen, da sonst magenreizend!

Rezepte

Kleine Vorspeisen .... S. 36–38
Salate .... S. 51
Nudel-/Getreidegerichte ... S. 53, 54, 56, 57
Fleischgerichte .... S. 60, 62
Gemüsegerichte .... S. 66
Eierspeisen .... S. 73
Milch-/Käsespeisen .... S. 78
Spezielles .... S. 89, 93

Weißer Mauerpfeffer *(Sedum album)*

GERUCH

Unauffällig

GESCHMACK

Süß bis herb; erbsenartig; ältere Blätter bitter und seifig; Blüten süßlich-teeartig

ERKENNUNGSMERKMALE

- Ausdauernde, krautige Pflanze
- Gegenständige Laubblätter, unten gestielt und oben sitzend
- 5-zählige Blüten
- Kronblätter in Nagel und Platte aufgeteilt
- Kronröhre verwachsen
- Kapselfrucht mit vielen Samen

Silene Klatschnelke – Leimkraut Caryophyllaceae

VOLKSTÜMLICHE NAMEN

Silene vulgaris: Taubenkropf

Die Gattung *Silene* umfasst zwischen 600 und 700 Arten. Im Alpenraum gibt es 37 Arten, von denen aber nur die zwei hier beschriebenen in der subalpinen und alpinen Stufe verbreitet vorkommen.

Gewöhnliche Klatschnelke
(*Silene vulgaris* GARCKE)

Die kräftige Wurzel reicht bis 1 m tief. Am Grund gibt es sterile Triebe. Die kahlen Stängel sind im oberen Teil verzweigt und tragen lanzettliche bis eiförmige Blätter. Die Kronblätter sind tief 2-teilig eingeschnitten. Der dunkel geaderte Kelch ist aufgeblasen. Die Samenkapseln sind 10 mm lang und öffnen sich mit 6 Zähnen. Der Blütenstand ist in höheren Lagen oft sogar nur einblütig.

 30–70 cm

 12–22 mm
Juni–Oktober

 Kollin und montan, subalpin und seltener alpin; 500–2200 m, selten bis 2800 m
Alpen und Jura
Wiesen, Weiden, Schuttplätze, Geröll

Gewöhnliches Nickendes Leimkraut
(*Silene nutans* L.)

Der Stängel ist im oberen Teil drüsig-klebrig. Es gibt kurze sterile Triebe. Die lanzettlichen bis spatelförmigen Blätter sind weich behaart. Der Blütenstand ist einseitswendig; die Blüten nickend. Die Kronblätter sind tief 2-teilig, mit 1–3 mm hohen, kleinen Nebenkronen Der 7–15 mm lange Kelch ist rot geadert und drüsig behaart. Die Fruchtkapseln öffnen sich mit 6 Zähnen.

 25–50 cm

 9–16 mm
Mai–August

 Kollin und montan, subalpin und seltener alpin; bis 2500 m
Alpen und Jura
Trockenwiesen, Weiden, lichte Wälder; häufig auf Buntschwingelhalden

Gewöhnliches Nickendes Leimkraut *(Silene nutans)*

Gewöhnliche Klatschnelke *(Silene vulgaris)*

WISSENSWERTES

Die Gewöhnliche Klatschnelke ist ein Rohbodenpionier, der mit seinen kräftigen Wurzeln zur Befestigung rutschender Hänge geeignet ist. Sie wird von Bienen und Nachtfaltern gerne besucht.
Das Nickende Leimkraut ist klebrig, womit es sich gegen den Befall durch kleine Insekten wehrt, die am klebrigen Stängel haften bleiben. Kleinere Nachtfalter benutzen die Blüten als Brutstätte.

VERWENDUNG IN DER KRÄUTERKÜCHE

Sammelgut

Junge Stängel und Triebe; Blätter, Blüten

Rezepte

Kleine Vorspeisen.............................. S. 39
Salate .... S. 47, 48, 51
Eierspeisen............................. S. 71, 73, 75
Spezielles .... S. 91, 93

GERUCH

Blätter und Blüten schwach gewürzhaft

GESCHMACK

Blätter und Blüten zusammenziehend, bitterlich; junge Triebspitzen mild-aromatisch, an grüne Bohnen erinnernd; Blüten aromatisch-herb, etwas honigartig

ERKENNUNGSMERKMALE

- Ausdauernde, krautige Pflanze
- Kräftiges Rhizom
- Stängel kurz behaart bis fast kahl
- Wechselständige Blätter
- Blätter (breit) lanzettlich, grob gezähnt
- Blüten in dichter, endständiger, allseitswendiger Rispe

Solidago Goldrute **Asteraceae**

VOLKSTÜMLICHE NAMEN

Fuchsschwanz, Hainschwung, Heidnisch Wundkraut, Heilwundkraut, Ochsenbrot, Petrusstab, Pferdekraut, Schoßkraut, Stockschwungkraut, St. Petersstab, Waldkraut, (Edel)Wundkraut

Die Gattung *Solidago* umfasst insgesamt rund hundert Arten. Im Alpenraum gibt es vier Arten, von denen aber nur die zwei hier beschriebenen in der subalpinen und alpinen Stufe verbreitet vorkommen.

Gewöhnliche Goldrute
(*Solidago virgaurea* L.)

Die Gewöhnliche Goldrute ist deutlich größer als die Alpen-Goldrute. Die Blätter sind breit lanzettlich, mit dem Stiel 3- bis 4-mal so lang wie breit. Die Blütenköpfe sind kleiner und die Hüllblätter mit 5–7 mm kürzer als bei der Alpen-Goldrute. Die kurzen Hüllblätter gehen plötzlich in die Spitze über. Die Früchte sind mit 3–4 mm kleiner als bei der Alpen-Goldrute, ebenso der Pappus mit 4 mm Länge.

20–80 cm, selten bis 120 cm

10–15 mm
Juni–Oktober

Kollin und montan, subalpin und seltener alpin; bis 1900 m
Alpen und Jura
Lichte Wälder, Gebüsche; häufige Art auf kalkarmen Schlagfluren

Alpen-Goldrute
(*Solidago virgaurea* subsp. *minuta* ARCANG.)

Die Alpen-Goldrute ist kleiner als die Gewöhnliche Goldrute. Die Blätter sind schmäler, lanzettlich und 4- bis 6-mal so lang wie breit. Die Blütenköpfe sind etwas größer und die Hülle mit 7–10 mm etwas länger als bei der Gewöhnlichen Goldrute. Die Früchte sind mit 4–6 mm und der Pappus mit 5 mm etwas länger als bei der Gewöhnlichen Goldrute.

6–40 cm

15–20 mm
Juni–Oktober

Subalpin und alpin; bis 2800 m
Alpen und Jura
Steinige Wiesen und Weiden, Zwergstrauchheiden; eher säureliebend

Alpen-Goldrute (*Solidago virgaurea* subsp. *minuta*)

Gewöhnliche Goldrute *(Solidago virgaurea)*

WISSENSWERTES

Der botanische Artname *virgaurea* kommt von lat. *virga* = Rute und lat. *aurea* = goldgelb.
Die Echte Goldrute bildet im Gegensatz zur Kanadischen und zur Riesen-Goldrute, die sich als Neophyten verbreiten, keine Ausläufer.
Die Blüten werden gerne von Bienen, Hummeln, Schwebfliegen und Schmetterlingen besucht und bestäubt.

Bei Zahnfleischproblemen oder Entzündungen im Mund- und Rachenbereich können frische, zerquetschte Triebspitzen gekaut werden. Auch bei kleinen Wunden und Schürfungen oder bei Geschwüren können Blattauflagen helfen. Zerkaute Blätter und Blüten können zur Anregung der Harnausscheidung verwendet werden.

VERWENDUNG IN DER KRÄUTERKÜCHE

Sammelgut

Junge Triebspitzen; geschälte Stängel; Blätter; Blüten

Rezepte

Eierspeisen .... S. 74
Milch-/Käsespeisen .... S. 80
Spezielles .... S. 89

GERUCH

Würzig, stark aromatisch, oft mit einer Zitrusnote

GESCHMACK

Scharf, eigen, aromatisch, etwas bitter

ERKENNUNGSMERKMALE

- Ausdauernde Halbsträucher
- Niederliegend und rasenbildend
- Tief reichende Wurzeln
- Nebenwurzeln an den Stängeln
- Einfache, kleine und ganzrandige Blätter
- Köpfchenförmige oder zylindrische Blütenstände

Thymus Thymian **Lamiaceae**

VOLKSTÜMLICHE NAMEN

Thymus praecox subsp. *polytrichus:* Büchelmaron, (Matten-)Chölm, (Feld-)Quendel, Kunold, Niedere Casper, Wilder Zimmet

Thymus pulegioides: Arzneithymian

Die Gattung *Thymus* umfasst zwischen 200 und 350 Arten, wovon im Alpenraum zehn vorkommen; nur die beiden hier beschriebenen sind häufig.

Arznei-Feld-Thymian
(*Thymus pulegioides* L.)

Die Pflanze weist einen buschigen Wuchs auf, ohne kriechende sterile Triebe. Der Stängel unter dem Blütenstand ist scharf 4-kantig. Die Haare an den Kanten sind rückwärtsgerichtet und kürzer als der Stängeldurchmesser. Die bis 20 mm langen Blätter sind oval bis lanzettlich, dünn und 2- bis 3-mal so lang wie breit. Sie sind meistens kahl, gelegentlich bewimpert. Der Blütenstand ist meist zylindrisch.

 5–30 cm

 4–6 mm
April–August

 Kollin und montan, subalpin und seltener alpin; bis 2600 m
Alpen und Jura
Magere Wiesen und Weiden

Gebirgs-Feld-Thymian
(*Thymus praecox* subsp. *polytrichus* JALAS)

Die Pflanze ist niederliegend, mit sterilen Ausläufern. Der Stängel unter dem Blütenstand ist rund bis 4-kantig und gleichmäßig behaart. Die Blätter sind mit Stiel 1- bis 3-mal so lang wie breit und bis 12 mm lang. Sie sind oberseits behaart und werden an den Blühtrieben nach unten hin kleiner. Sie sind etwas ledrig. Der Blütenstand ist kugelig.

 2–10 cm

 4–6 mm
Juni–September

 Selten kollin; montan, subalpin und alpin; bis 3000 m
Alpen und Jura
Geröll, Felsen, Weiden; oft dominante Art auf Blaugrasheiden

WISSENSWERTES

Thymian gehörte zum «Marien-Bettstroh» oder «Liebfrauenbettstroh», weil sich der Legende nach Maria bei der Flucht nach Ägypten auf diesem Kraut ausgeruht haben soll. Der Quendel war auch der nordischen Göttin Freya als Heilpflanze gewidmet.

Der natürlich vorkommende Zitrusduft bei Thymian wird bei gezüchteten Sorten gezielt gefördert, wobei es sich dabei meistens um Kreuzungen zwischen *T. pulegioides* und *T. vulgaris* (Gewürz-Thymian) handelt.

Die Früchte des Thymians (Klausen) haben einen Ölkörper angehängt, der von Ameisen gerne mitgenommen wird. Diese fressen den Ölkörper; der Samen keimt und bildet neue Pflanzen – oft in der Nähe von Ameisenhaufen.

Frisch gekaute Triebe des Thymians helfen bei Zahnfleischentzündungen, Aphten und anderen Entzündungen des Mund- und Rachenraumes. Auflagen sind nützlich bei kleinen Wunden und Schürfungen. Einige gekaute Triebe geschluckt helfen bei Magen- und Darmentzündungen. Sie wirken anregend und können bei Müdigkeit eingesetzt werden.

VERWENDUNG IN DER KRÄUTERKÜCHE

Sammelgut

Junge Triebe, Blätter, Blüten

Rezepte

Kleine Vorspeisen .... S. 35–37
Suppen .... S. 43
Salate .... S. 51
Nudel-/Getreidegerichte .... S. 53–57
Fleischgerichte .... S. 59–61
Gemüsegerichte .... S. 66–69
Desserts .... S. 86
Spezielles .... S. 90, 91

Gebirgs-Feld-Thymian (*Thymus praecox* subsp. *polytrichus*)

GERUCH

Blätter fast geruchlos; Blüten süßlich

GESCHMACK

Junge Blätter und Triebe nach Erbsen; Blüten süßlich

ERKENNUNGSMERKMALE

- Ausdauernde, krautige Pflanze
- Mit Rhizom und fischgrätenähnlichen Wurzeln (mit Knöllchenbakterien)
- Wechselständige Blätter 3-zählig, mit zusätzlichen Nebenblättern
- Blüten in kopfigem oder ährigem Blütenstand
- Krone nach dem Blühen nicht abfallend, sondern die Frucht umhüllend
- Röhrenförmiger Kelch, 5-zählig
- Frucht kürzer als Kelch

Trifolium Klee Fabaceae

VOLKSTÜMLICHE NAMEN

Trifolium pratense: Honigblume, Honigklee, Hummelklee, Zuckerbrot
Trifolium badium: Goldklee
Trifolium repens: Wiesen-, Honig-, Feldklee, Schlirpklee, Weiß-Klee

Die Gattung *Trifolium* umfasst rund 300 Arten. Im Alpenraum gibt es 36 Arten, von denen aber nur die drei hier beschriebenen häufig subalpin und alpin anzutreffen sind.

Braun-Klee
(*Trifolium badium* SCHREB.)

Der Spross ist aufrecht und unverzweigt. Die 3-zähligen Blätter sind verkehrt eiförmig, fein gezähnt und bis 2 cm lang. Die Blüten werden nach dem Verblühen braun. Die Blütenstand ist kugelig bis eiförmig und sitzt auf einem langen Stängel in den obersten Blattwinkeln. Die Kelchzipfel sind kahl oder mit einzelnen Wimpern.

5–25 cm

6–9 mm (Einzelblüte)
1–1,5 cm, selten bis 2 cm (Blütenstand)
Juli–August

Selten montan; subalpin und seltener alpin; 800–2200 m, selten bis 3000 m
Alpen und Jura
Kalkhaltige Fettwiesen, Weiden, Quellfluren; oft dominante Art auf Bergfettweiden und häufig auf Rostseggenhalden

Kriechender Klee
(*Trifolium repens* L.)

Der Wuchs ist kriechend und verzweigt. An den Knoten sprießen Wurzeln. Die bis 4 cm langen Teilblätter sind verkehrt eiförmig, fein gezähnt, meistens mit heller Zeichnung. Die Blüten sind gestielt und werden nach dem Verblühen bräunlich und herabgeschlagen. Der Blütenstand ist kugelig und die Blütenstiele etwa so lang wie die Kelchröhre.

5–45 cm

8–10 mm (Einzelblüte)
1,5–2,5 cm (Blütenstand)
Mai–Oktober

Kollin und montan; subalpin und seltener alpin; bis 2200 m
Alpen und Jura
Rasen, Wegränder, Schuttplätze

Schnee-Rot-Klee
(*Trifolium pratense* subsp. *nivale* L.)

Der meist unverzweigte Stängel wächst aus einer Blattrosette am Grund. Im Gebirge ist oft ein kriechender Wuchs zu beobachten. Stängel und Kelch sind anliegend behaart. Die 3 cm langen Blätter sind eiförmig oder oval. Der Blütenstand ist kugelig oder einförmig und ungestielt oder nur sehr kurz gestielt. Die obersten Blätter umhüllen z. T. die Blüten. Im Gegensatz zum Gewöhnlichen Rot-Klee *(T. pratense)* sind die Blüten gelblich oder rötlich weiß gefärbt.

 5–20 cm

 15–20 mm (Einzelblüte)
2,5–4 cm (Blütenstand)
Mai–Oktober

 Selten subalpin; alpin; bis 2500 m
Alpen
Wiesen, Alpweiden

WISSENSWERTES

Als Bestäuber beim Braun-Klee fungieren Hummeln und viele Tag- und Nachtfalter. Die Blütenblätter bleiben bis zur Fruchtreife erhalten und dienen der Pflanze als Verbreitungshilfe der Samen durch den Wind. Er liebt stickstoffhaltige Böden und nimmt deshalb bei Beweidung eher zu. Er ist eine Pionierpflanze, die sonst unfruchtbare Flächen wie Bachufer oder Abrutschstellen besiedelt.

Umschläge mit zerquetschten Klee-Blüten können bei kleinen Wunden, Schürfungen und Ekzemen verwendet werden.

VERWENDUNG IN DER KRÄUTERKÜCHE

Sammelgut
Junge Triebe, Blätter; Blüten

Rezepte
Suppen .... S. 42, 44, 45
Nudel-/Getreidegerichte..................... S. 57
Fleischgerichte .... S. 59
Milch-/Käsespeisen .... S. 79, 80
Desserts .... S. 83–87
Spezielles .... S. 89, 92

GERUCH

Sehr schwach, eigentümlich

GESCHMACK

Schleimig-süßlich;
Blätter und Triebe mild salatartig;
Blüten leicht süßlich

ERKENNUNGSMERKMALE

- Ausdauernde, krautige Pflanze
- Mit Rhizom
- 1–2 Blüten an langem Stängel
- Blüten mit Sporn
- Blüten 5-zählig, mit ungleich großen Einzelblütenblättern
- Auffällige dunkle Streifen auf den Kronblättern (Saftmale)
- Kapselfrüchte mit 3 Kammern

Viola Veilchen – Stiefmütterchen Violaceae

VOLKSTÜMLICHE NAMEN

Viola tricolor: Ackerveilchen, Dreifaltigkeitsblumen, Jesulein, Liebeherrgottschüeli, Menschengesichter, Samtblümchen, Tagundnachtveilchen, Tausendschön
Viola biflora: Bergviole

Die Gattung *Viola* umfasst insgesamt rund 500 Arten. Im Alpenraum gibt es 34 Arten, von denen aber nur die beiden hier beschriebenen häufig sind.

Gelbes Berg-Veilchen
(*Viola biflora* L.)

Die Pflanze besitzt einen weit kriechenden Wurzelstock. Mehrere kahle, unverzweigte Stängel tragen 1 oder häufig auch 2 Blüten. Diese sind lang gestielt. Die seitlichen Kronblätter sind schief aufwärtsgerichtet. Der Sporn ist nur kurz und gerade. Die zerstreut behaarten, bis 4 cm langen Hauptblätter sind nierenförmig und gekerbt. Die Nebenblätter sind klein, lanzettlich und ganzrandig.

2–10 cm

4–6 mm
Juni–September

Selten kollin und montan; subalpin und alpin; 1500–3000 m
Alpen und Jura
Charakterpflanze auf schattigen Kalkfelsfluren, häufig auf Hochstaudenfluren und in Grünerlengebüschen, auch im Ahorn-Schluchtwald

Gewöhnliches Feld-Stiefmütterchen
(*Viola tricolor* L.)

Der Stängel ist oft verzweigt. Die Blätter sind rundlich bis lanzettlich, mit jederseits 1–5 Zähnen. Die Nebenblätter sind etwa halb so lang wie die Hauptblätter. Das unterste Kronblatt ist mit dem Sporn 12–25 mm lang. Die Kelchblätter sind nur halb so lang und spitz. Der Sporn misst 3–5 mm. Die Frucht ist aufrecht, spitz und kahl.

10–40 cm, selten bis 90 cm

1–2,5 cm
März–September

Selten kollin; montan, subalpin; 500–2100 m, selten bis 2500 m
Alpen und Jura
Wiesen, Brachfelder; häufige Art auf Bergfettwiesen

WISSENSWERTES

In Shakespeares Sommernachtstraum wird der Saft des Stiefmütterchens auf die schlafende Titania geträufelt, damit sie sich in das Wesen verliebt, das sie beim Erwachen als Erstes sieht. Zu ihrem Unglück ist es ein Esel.

Die Narbengrube des Feld-Stiefmütterchens ist durch eine lippenförmige Klappe gegen herabfallende Pollen gesichert und verhindert so eine Selbstbestäubung. Die aus 3 Klappen heraustretenden Früchte können bis 1,65 m weit geschleudert werden. Sie enthalten ein nährreiches Anhängsel (Elaiosom), das von Ameisen gerne gefressen wird. Die Samen können mehrere Jahre lang im Boden fruchtbar bleiben.

Blüten der Veilchen (vor allem *V. tricolor*) können zerquetscht als Auflage bei Hauterkrankungen wie Ekzemen, Akne oder Dermatitis verwendet werden sowie bei Juckreiz nach Insektenstichen. Mit ihren harn- und schweißtreibenden Eigenschaften können ein paar zerkaute Blüten bei Erkältungen der oberen Atemwege sowie leichten Harnwegserkrankungen zu deren Linderung geschluckt werden.

Gelbes Berg-Veilchen *(Viola biflora)*

VERWENDUNG IN DER KRÄUTERKÜCHE

Sammelgut

Junge Triebe; Blätter, Blüten

Rezepte

Suppen .... S. 42, 45
Milch-/Käsespeisen .... S. 77, 79, 81
Desserts .... S. 83–85, 87

Gewöhnliches Feld-Stiefmütterchen *(Viola tricolor)*

ANHANG

Verwendung der Kräuter nach Rezeptkategorien

wissenschaftlicher Gattungsname	deutscher Gattungsname	Vorspeisen	Suppen	Salate	Nudelgerichte	Fleischgerichte	Gemüsegerichte	Eierspeisen	Milch-/Käsespeisen	Desserts	Spezielles
Achillea	Schafgarbe	●	●	●	●	●	●	●	●		●
Acinos	Steinquendel	●	●	●	●	●		●	●		
Alchemilla	Frauen-, Silbermantel	●				●		●	●		●
Allium	Schnittlauch	●	●			●	●	●	●		●
Anthyllis	Wundklee		●	●		●		●			
Arabis	Gänsekresse	●	●	●				●	●		●
Aster - Bellis	Maßlieb(chen)	●	●				●		●		●
Calluna	Besenheide								●	●	●
Campanula	Glockenblume	●	●	●			●		●	●	
Cardamine	Schaumkraut			●		●		●			●
Carum	Kümmel	●	●	●	●	●	●		●		●
Chenopodium	Guter Heinrich, Gänsefuß	●	●	●		●		●	●		●
Crepis	Pippau	●	●			●		●			●
Epilobium	Weidenröschen		●	●	●	●		●		●	
Galium	Labkraut	●		●	●	●		●		●	
Geranium	Storchenschnabel		●	●	●		●		●		
Geum	Nelkenwurz		●	●		●			●		●
Hieracium	Habichtskraut					●		●	●		●
Hippocrepis	Hufeisenklee	●	●		●	●	●			●	
Lamium	Taubnessel			●			●	●			●
Laserpitium	Laserkraut	●	●	●							●
Leontodon	Milchkraut	●	●	●		●					●
Ligusticum	Liebstock	●		●		●		●	●		●
Lotus	Hornklee	●	●	●	●		●	●		●	
Origanum	Dost	●	●	●	●	●	●		●		●
Phyteuma	Rapunzel	●		●	●		●	●			●
Pimpinella	Bibernelle	●	●	●	●	●	●	●		●	●
Plantago	Wegerich	●	●	●							●
Polygonum	Knöterich			●				●			●
Potentilla	Fingerkraut, Blutwurz					●		●	●		●
Prunella	Brunelle			●	●	●		●			
Rubus	Himbeere, Steinbeere			●					●		●

wissenschaftlicher Gattungsname	deutscher Gattungsname	Vorspeisen	Suppen	Salate	Nudelgerichte	Fleischgerichte	Gemüsegerichte	Eierspeisen	Milch-/Käsespeisen	Desserts	Spezielles
Rumex	Ampfer		●	●			●		●		
Sanguisorba	Wiesenknopf	●	●	●	●	●	●	●	●		●
Sedum	Mauerpfeffer	●		●	●	●	●	●	●		●
Silene	Leimkraut, Klatschnelke	●		●				●			●
Solidago	Goldrute							●	●		●
Thymus	Thymian	●	●	●	●	●	●			●	●
Trifolium	Klee		●		●	●			●	●	●
Viola	Veilchen, Stiefmütterchen		●						●	●	

Übersicht Geschmack und verwendete Teile

wissenschaftlicher Gattungsname	deutscher Gattungsname	Geschmack					Verwendete Teile			
		würzig	scharf	süß	bitter	sauer	Blätter	Blüten(-knospen)	Junge Triebe	Früchte
Achillea	Schafgarbe	●	●		●		●	●	●	
Acinos	Steinquendel	●	●				●		●	
Alchemilla	Frauen-, Silbermantel				●		●	●	●	
Allium	Schnittlauch	●	●				●	●		
Anthyllis	Wundklee				●	●		●	●	
Arabis	Gänsekresse	●	●				●		●	
Aster - Bellis	Maßlieb(chen)				●	●	●	●		
Calluna	Besenheide	●		●				●	●	
Campanula	Glockenblume			●	●		●	●	●	
Cardamine	Schaumkraut		●		●		●		●	
Carum	Kümmel	●	●				●		●	●
Chenopodium	Guter Heinrich, Gänsefuß				●		●		●	●
Crepis	Pippau				●		●	●		
Epilobium	Weidenröschen			❀		●	●	●	●	

wissenschaftlicher Gattungsname	deutscher Gattungsname	Geschmack					Verwendete Teile			
		würzig	scharf	süß	bitter	sauer	Blätter	Blüten(-knospen)	Junge Triebe	Früchte
Galium	Labkraut	●		✿	●		●	●	●	
Geranium	Storchenschnabel	●			●		●	●	●	
Geum	Nelkenwurz	●			●		●	●		
Hieracium	Habichtskraut	●			●		●	●		
Hippocrepis	Hufeisenklee	●		●			●	●	●	
Lamium	Taubnessel	●		✿		●	●	●	●	
Laserpitium	Laserkraut	●			●		●	●		●
Leontodon	Milchkraut	●			●		●	●		
Ligusticum	Liebstock	●					●	●	●	●
Lotus	Hornklee	●					●	●	●	
Origanum	Dost	●	●		●		●	●	●	
Phyteuma	Rapunzel	●	●	●		●	●	●	●	
Pimpinella	Bibernelle		●	✿	●		●	●		●
Plantago	Wegerich				●	●	●	●		●
Polygonum	Knöterich					●	●	●		●
Potentilla	Fingerkraut, Blutwurz	●	●			●	●		●	
Prunella	Brunelle	●			●		●	●	●	
Rubus	Himbeere, Steinbeere	●			●	●	●		●	●
Rumex	Ampfer				●	●	●		●	●
Sanguisorba	Wiesenknopf	●			●		●	●	●	●
Sedum	Mauerpfeffer		●				●			
Silene	Leimkraut, Klatschnelke			●	●		●	●	●	
Solidago	Goldrute			✿	●		●	●	●	
Thymus	Thymian	●	●		●		●	●	●	
Trifolium	Klee			✿	●	●	●	●	●	
Viola	Veilchen, Stiefmütterchen			●			●	●	●	

Vorkommen nach Höhenstufe

wissenschaftlicher Artname	deutscher Artname	kollin	montan	subalpin	alpin
Achillea millefolium	Gewöhnliche Wiesen-Schafgarbe	●	●	●	●
Achillea atrata	Schwarze Schafgarbe			●	●
Achillea erba-rotta subsp. *moschata*	Moschus-Schafgarbe	○	○	●	●
Acinos alpinus	Alpen-Steinquendel	○	●	●	●
Alchemilla xanthochlora	Gemeiner Frauenmantel	●	●	●	●
Alchemilla conjuncta	Kalk-Silbermantel		●	●	●
Alchemilla alpina	Silikat-Silbermantel		●	●	●
Allium schoenoprasum	Schnittlauch	●	●	●	●
Anthyllis vulneraria	Gewöhnlicher Wundklee	●	●	●	
Anthyllis vulneraria subsp. *alpestris*	Alpen-Wundklee		●	●	●
Arabis alpina	Gewöhnliche Alpen-Gänsekresse	●	●	●	●
Arabis ciliata	Bewimperte Gänsekresse	●	●	●	●
Arabis subcoriacea	Bach-Gänsekresse		○	●	●
Aster bellidiastrum	Alpenmaßlieb	●	●	●	●
Bellis perennis	Maßliebchen	●	●	●	●
Calluna vulgaris	Besenheide	●	●	●	●
Campanula rotundifolia	Rundblättrige Glockenblume	●	●	●	●
Campanula scheuchzeri	Scheuchzers Glockenblume		●	●	●
Campanula cochlearifolia	Niedliche Glockenblume	●	●	●	●
Cardamine amara	Bitteres Schaumkraut	●	●	●	●
Cardamine resedifolia	Resedablättriges Schaumkraut			●	●
Carum carvi	Kümmel	●	●	●	●
Chenopodium bonus-henricus	Guter Heinrich	●	●	●	●
Chenopodium album	Weißer Gänsefuß	●	●	●	○
Crepis aurea	Gold-Pippau		●	●	●
Crepis conyzifolia	Großköpfiger Pippau		●	●	●
Crepis paludosa	Sumpf-Pippau	●	●	●	
Epilobium angustifolium	Wald-Weidenröschen	●	●	●	●
Epilobium collinum	Hügel-Weidenröschen	●	●	●	●
Epilobium montanum	Berg-Weidenröschen	●	●	●	●

wissenschaftlicher Artname	deutscher Artname	kollin	montan	subalpin	alpin
Galium anisophyllon	Alpen-Labkraut	○	●	●	●
Galium album	Weißes Wiesen-Labkraut	●	●	●	
Geranium robertianum	Ruprechtskraut	●	●	●	
Geum montanum	Berg-Nelkenwurz		●	●	●
Geum rivale	Bach-Nelkenwurz	●	●	●	●
Hieracium murorum	Wald-Habichtskraut	●	●	●	●
Hieracium pilosella	Langhaariges Habichtskraut	●	●	●	●
Hippocrepis comosa	Schopfiger Hufeisenklee	●	●	●	●
Lamium maculatum	Gefleckte Taubnessel	●	●	●	●
Lamium purpureum	Acker-Taubnessel	●	●	●	
Laserpitium latifolium	Breitblättriges Laserkraut	●	●	●	○
Laserpitium siler	Berg-Laserkraut (Bergkümmel)	○	●	●	○
Leontodon helveticus	Schweizer Milchkraut	○	●	●	●
Leontodon hispidus	Raues Milchkraut	●	●	●	●
Leontodon montanus	Berg-Milchkraut			●	●
Ligusticum mutellina	Alpen-Liebstock		●	●	●
Ligusticum mutellinoides	Zwerg-Liebstock			●	●
Lotus alpinus	Alpen-Hornklee			●	●
Lotus corniculatus	Gewöhnlicher Hornklee	●	●	●	●
Origanum vulgare	Echter Dost	●	●	●	
Phyteuma betonicifolium	Betonienblättrige Rapunzel		●	●	●
Phyteuma hemisphaericum	Halbkugelige Rapunzel			●	●
Pimpinella major	Große Bibernelle	●	●	●	●
Pimpinella saxifraga	Gewöhnliche Kleine Bibernelle	●	●	●	
Plantago alpina	Alpen-Wegerich		●	●	●
Plantago lanceolata	Spitz-Wegerich	●	●	●	●
Plantago atrata	Berg-Wegerich		●	●	●
Polygonum viviparum	Knöllchen-Knöterich		●	●	●
Polygonum bistorta	Schlangen-Knöterich	●	●	●	
Potentilla aurea	Gold-Fingerkraut		●	●	●
Potentilla crantzii	Crantz' Fingerkraut		●	●	●
Potentilla erecta	Blutwurz, Tormentill	●	●	●	●

wissenschaftlicher Artname	deutscher Artname	kollin	montan	subalpin	alpin
Prunella grandiflora	Große Brunelle	●	●	●	●
Prunella vulgaris	Kleine Brunelle	●	●	●	●
Rubus idaeus	Himbeere	●	●	●	●
Rubus saxatilis	Steinbeere	●	●	●	●
Rumex alpestris	Berg-Sauerampfer		●	●	●
Rumex alpinus	Alpen-Sauerampfer		●	●	●
Rumex scutatus	Schildblättriger Ampfer	●	●	●	●
Sanguisorba officinalis	Großer Wiesenknopf	●	●	●	●
Sanguisorba minor	Kleiner Wiesenknopf	●	●	●	
Sedum album	Weißer Mauerpfeffer	●	●	●	●
Silene nutans	Gewöhnliches Nickendes Leimkraut	●	●	●	●
Silene vulgaris	Gewöhnliche Klatschnelke	●	●	●	●
Solidago virgaurea	Gewöhnliche Goldrute	●	●	●	●
Solidago virgaurea subsp. *minuta*	Alpen-Goldrute			●	●
Thymus pulegioides	Arznei-Feld-Thymian	●	●	●	●
Thymus praecox subsp. *polytrichus*	Gebirgs-Feld-Thymian	○	●	●	●
Trifolium badium	Braun-Klee		○	●	●
Trifolium pratense subsp. *nivale*	Schnee-Rot-Klee			●	●
Trifolium repens	Kriechender Klee	●	●	●	●
Viola biflora	Gelbes Berg-Veilchen	○	●	●	●
Viola tricolor	Gewöhnliches Feld-Stiefmütterchen	●	●	●	

○ = nach «Flora Alpina» (Aeschimann & al., 2004)

Übersicht Erste-Hilfe-Verwendung

wissenschaftlicher Gattungsname	deutscher Gattungsname	verwendete Teile	Entzündungen Zahnfleisch	Katarrh, Halsschmerzen	Husten, Heiserkeit	Magenschmerzen
Achillea	Schafgarbe	Blätter	●			●
Acinos	Steinquendel	junge Triebe		●		●
Alchemilla	Frauenmantel, Silbermantel	Blätter	●			●
Allium	Schnittlauch	Blätter				
Anthyllis	Wundklee	Blätter	●		●	
Aster - Bellis	Maßlieb(chen)	Blätter, Blüten				●
Calluna	Besenheide	junge Triebe				
Campanula	Glockenblume	Blüten		●		
Carum	Kümmel	Samen				
Chenopodium	Guter Heinrich, Gänsefuß	Blätter				
Crepis	Pippau	Blätter				
Epilobium	Weidenröschen	Blätter	●			●
Galium	Labkraut	junge Triebe				
Geranium	Storchenschnabel	junge Triebe	●			
Geum	Nelkenwurz	Blätter	●			●
Hieracium	Habichtskraut	Blätter		●		●
Lamium	Taubnessel	Blätter				
Ligusticum	Liebstock	Blätter				●
Lotus	Hornklee	junge Triebe	●			
Origanum	Dost	Blätter, Blüten	●			
Plantago	Wegerich	Blätter				
Polygonum	Knöterich	Blätter, Blüten				
Prunella	Brunelle	Blätter, Blüten	●			●
Rubus	Himbeere, Steinbeere	Blätter	●			
Rumex	Ampfer	Blätter				●
Sanguisorba	Wiesenknopf	Blätter				
Sedum	Mauerpfeffer	Blätter				
Solidago	Goldrute	junge Triebe	●			
Thymus	Thymian	junge Triebe	●	●	●	●
Trifolium	Klee	junge Triebe				
Viola	Veilchen, Stiefmütterchen	Blüten		●		

Aufstoßen, Blähungen, Sodbrennen	Durchfall	Appetitmangel	Kleine Wunden, Blasen, Nasenbluten	Quaddeln, Insektenstiche	Hautrötungen, Sonnenbrand	Lippenbläschen	Prellungen, Quetschungen	Muskelkater	schwere Beine	heiße Füße	Nieren-Blasen-Entzündungen
●	●		●								
			●				●				
		●									
			●			●					
			●					●			
			●								
			●								
●		●									
			●	●							
●		●									
			●								●
									●		●
			●								
			●								
			●	●							
●											●
			●								
●		●						●			
			●	●	●		●			●	
			●								
			●			●					
	●			●	●						
			●	●	●		●				
	●		●		●						
			●		●						
			●								●
			●								
			●								
			●	●							●

Literatur- und Quellenverzeichnis

Aeschimann, D. & al. (2004): *Flora alpina – ein Atlas sämtlicher 4500 Gefässpflanzen der Alpen*. Bern: Haupt Verlag.

Angerer, T., Muer, T. (2004): *Alpenpflanzen*. Stuttgart: Ulmer Verlag.

Bänziger, E., Bossardt, R. (2010): *Blütenküche*. Lenzburg: Fona Verlag.

Bäumler, S. (2013): *Heilpflanzen Praxis heute – Porträts, Rezepturen, Anwendung*, 2 Bde., 2. Auflage. München: Urban & Fischer Verlag.

Beiser, R. (2014): *Unsere essbaren Wildpflanzen – bestimmen, sammeln und zubereiten*. Stuttgart: Kosmos Verlag.

Bendel, L. (2008): *Das große Lexikon der Kräuter und Gewürze – Herkunft, Inhaltsstoffe, Zubereitung, Wirkung*. Köln: Anaconda Verlag.

Bornand C. & al. (2016): *Rote Liste Gefässpflanzen. Gefährdete Arten der Schweiz*. Bern: Bundesamt für Umwelt.

Brown, K. (2009): *Blüten-Kochbuch. Die schönsten Rezepte mit essbaren Blüten. Tipps zum Anbau*. 2. Auflage. München: Christian Verlag.

Brunello, A. G. & al. (2011): *Gebirgs- und Outdoormedizin*. 2. Auflage. Bern: SAC Verlag.

Delarze, R. & al. (2015): *Lebensräume der Schweiz. Ökologie – Gefährdung – Kennarten*. 3. Auflage. Bern: hep Verlag.

Dinand, A. (1921): *Handbuch der Heilpflanzenkunde*. 3. Auflage. Esslingen: J. F. Schreiber Verlag.

Düll, R., Kutzelnigg, H. (2011): *Taschenlexikon der Pflanzen Deutschlands und angrenzender Länder. Die häufigsten mitteleuropäischen Arten im Porträt*. 7. Auflage. Wiebelsheim: Quelle & Meyer.

Dumaine, J.-M., Wojtko, N. (2014): *Dumaines Wilde Gemüseküche – 100 unkomplizierte Rezepte mit Wildpflanzen und Gemüse*. Aarau: AT Verlag.

Durheim, C. J. (1856): *Schweizerisches Pflanzen-Idiotikon. Ein Wörterbuch von Pflanzenbenennungen in den verschiedenen Mundarten der deutschen, französischen und italienischen Schweiz*. Bern: Huber Verlag (Unveränderter Neudruck von Dr. Martin Sändig, Walluf bei Wiesbaden, 1972).

Fischer, W. K. (2005). *Welche Heilpflanze ist das? Über 400 Heilpflanzen erkennen und anwenden*. Stuttgart: Kosmos Verlag.

Fleischhauer, S. G. & al. (2013): *Enzyklopädie Essbare Wildpflanzen*. Aarau: AT Verlag.

Frings, S., Müller, F. (2013): *Biologie der Sinne*. Heidelberg: Springer Verlag.

Genaust, H. (2005): *Etymologisches Wörterbuch der botanischen Pflanzennamen*. 3. Auflage. Hamburg: Nikol Verlag.

Haeuptler, H., Muer, T. (2007): *Bildatlas der Farn- und Blütenpflanzen Deutschlands. Alle 4200 Pflanzen in Text und Bild*. 2. Auflage. Stuttgart: Ulmer Verlag.

Hatt, H., Dee, R. (2012): *Das kleine Buch vom Riechen und Schmecken*. 4. Auflage. Hamburg: Knaus Verlag.

Kothe, H. W. (2014): *Das große Handbuch der Kräuter und Heilpflanzen*. Köln: Komet Verlag.

Kremer, B. P. (2010): *Essbare & giftige Wildpflanzen. Über 200 Kräuter, Beeren und Nüsse*. Stuttgart: Ulmer Verlag.

Lauber, K. & al. (2012): *Flora Helvetica*. 5. Auflage: Bern: Haupt Verlag.

Malm, L. (2014): *Mein Wildkräuter-Führer*. München: Random House Verlag.

Mertz, P. (2017): *Alpenpflanzen in ihren Lebensräumen – Ein Bestimmungsbuch*. 2. Auflage. Bern: Haupt Verlag.

Page, K., Dornenburg, A. (2012): *Das Lexikon der Aromen- und Geschmackskombinationen*. Aarau: AT Verlag.

Pfister, T. & al. (2014): *Heilkräuter im Garten – pflanzen, ernten, anwenden*. Bern: Haupt Verlag.

Rawer, C., Zehnder, I. (2011): *Kleine Outdoor-Apotheke. Erste Hilfe mit frischen Pflanzen für Freizeit, Sport und Reisen*. Teufen: A. Vogel AG.

Reichling, J. (2012): *Arends Volkstümliche Namen der Drogen, Heilkräuter, Arzneimittel und Chemikalien*. 19. Auflage. Berlin: Springer Verlag.

Reisigl, H., Keller, R. (1987): *Lebensraum Bergwald: Alpenpflanzen in Bergwald, Baumgrenze und Zwergstrauchheide*. Stuttgart: Gustav Fischer Verlag.

Reisigl, H., Keller, R. (1999): *Alpenpflanzen im Lebensraum: Alpine Rasen-, Schutt- und Felsvegetation*. 2. Auflage. Heidelberg: Spektrum Akademischer Verlag.

Saller, R. (2016): *Skript zum Praxiskurs Heilkräuterkunde*. Zürich: Gartentherapie Pfister GmbH.

Seifert, C., Hans, S. (2012): *Frische Frühlingsküche*. Aarau: AT Verlag.

Schönfelder, I. & P. (2015): *Der Kosmos Heilpflanzenführer*. 4. Auflage. Stuttgart: Kosmos Verlag.

Teuscher, E. (2003): *Gewürzdrogen – Ein Handbuch der Gewürze, Gewürzkräuter, Gewürzmischungen und ihrer ätherischen Öle*. Stuttgart: Wissenschaftliche Verlagsgesellschaft.

Vitek, E. & al. (2007): *Die Pflanzenwelt der österreichischen Alpen*. Wien: Verlag des Naturhistorischen Museums.

Wendelberger, E. (1984): *Alpenpflanzen – Blumen, Gräser, Zwergsträucher*. München: BLV Verlag.

Werthmüller, P. (2016): *Immer der Nase nach … zum wilden Geschmack*. Zürich: Projektarbeit im Lehrgang «Heilende Gärten».

Autorinnen und Autoren

Thomas Pfister: Lic. phil. I, ursprünglich Reallehrer, hat in Zürich Psychologie studiert. Er arbeitete 15 Jahre in der Gesundheitsförderung und Prävention, bevor er 2010 eine eigene Firma für Gartentherapie gründete, die Kurse und Weiterbildungen anbietet. Seit 2016 leitet er auch die Heilkräuterschule Albinen (Wallis/Schweiz) mit großem Heilkräutergarten. Autor mehrerer Fachbücher zu Gartentherapie und Heilkräutern.
www.heilkraeuterschule.ch
info@heilkraeuterschule.ch

Fides Auf der Maur: Musikerin mit Konzertreifediplom. Lehrerin an der Musikschule Konservatorium Zürich. Langjährige Orchestertätigkeit als Soloklarinettistin. Vielseitige Konzerttätigkeit in den Sparten Klassik, Klezmer und Volksmusik.
Fotografin mit Schwerpunkt Pflanzenfotografie. Liebt es, beim Kochen mit Kräutern aller Art zu experimentieren.
www.fotofides.ch
www.fidesaufdermaur.ch
info@fidesaufdermaur.ch

René Briand: Eidgenössisch diplomierter Gastronomiekoch. Seit 2003 Inhaber des bekannten Hotel-Restaurants Flaschen in Albinen (Wallis/Schweiz).
www.restaurant-flaschen.ch
info@restaurant-flaschen.ch

Cornélia Fink: Landwirtin, Arbeitsagogin. Sie ist derzeit auf Wiederentdeckungspfaden, um auch die «Beiflora» im Speiseplan zu kultivieren.

Ariette Kammacher-Metry: Sozialarbeiterin FH, ursprünglich in der Hotellerie tätig und Miteigentümerin des Hotels Rhodania, Albinen. Nebst der Tätigkeit als Geschäftsleitungsmitglied war das Hauptbeschäftigungsfeld während 26 Jahren die Hotelküche. Produkte aus dem eigenen Garten, aus Wald, Magerwiesen und Alpweiden waren zentrale Elemente des Angebotes.

Reinhard Saller: 1994 bis 2013 Inhaber des Lehrstuhls für Naturheilkunde an der Universität Zürich und Direktor des Instituts für Naturheilkunde am Universitätsspital Zürich. Experimentelle und klinisch-therapeutische Forschungsschwerpunkte im Bereich Arzneipflanzenforschung und Phytotherapie. Vorstandsmitglied der Schweizerischen Medizinischen Gesellschaft für Phytotherapie (SMGP). Autor komplementärmedizinischer und phytotherapeutischer Fachbücher.

Barbara Schlumpf: Diplomierte Hauswirtschaftslehrerin, Dozentin an der Schule für Hauspflege in Zürich. 25 Jahre Lehrtätigkeit an der Sekundarschule Gossau. Erteilte über 40 Jahre lang Kochkurse im Rahmen der hauswirtschaftlichen Fortbildung.

Pia Werthmüller: Gelernte Damenschneiderin EFZ, Arbeitsagogin HF, Peer Tutorin in Kinästhetik, Lehrgang «Heilende Gärten» mit Praxiskursen in Gartentherapie und Heilkräuterkunde. Seit 20 Jahren mit Menschen tätig, die eine psychisch/geistige Beeinträchtigung, Suchtprobleme, eine Demenzerkrankung oder einen Migrationshintergrund haben.

Bildnachweis

Alle unten nicht aufgeführten Fotografien, inklusive der Umschlagbilder, stammen von **Fides Auf der Maur**.

Konrad Lauber: 22, 47, 50, 81, 84, 97 rechts, 103, 108, 109–111, 116, 118, 121, 122 rechts, 127, 129, 130, 132, 133, 135 links, 139–141, 146, 154 rechts, 157, 158, 160 rechts, 161 rechts, 170, 177, 181, 183, 184 rechts, 186 links, 190, 194, 204
Thomas Pfister: 51, 75, 79, 104, 120, 122 links, 182, 207
Wikimedia Commons, Jerzy Opioła, CC-BY-SA-4.0: 125

Laserkraut *(Laserpitium)*

Register der Pflanzennamen und Rezepte